孝

思考中毒になる！

GS
幻冬舎新書
595

はじめに

ビジネスの世界で「イノベーション」という言葉が常套句《じょうとうく》となってから、ずいぶん久しくなりました。

現代は、どんなに脚光を浴びた商品やサービスでも、あっという間に陳腐化してしまう時代であり、あらゆる業種・業態で絶えず新しい発想や工夫が求められています。

そんな中で、多くの人から支持を集めている商品やサービスを改めて見直すと、人類の叡智《えいち》を感じ、思わず気が遠くなってしまいそうになります。

例えば、私たちが毎日便利に使っているiPhoneなどのスマートフォンには通話や撮影はもとより、さまざまな機能が詰め込まれています。その一つひとつには工夫が凝らされており、私たちは、それを享受することで日々を便利に過ごしています。

では、いったいどんな人が斬新な発想や工夫をし、イノベーティブな商品やサービスを生み出すことができるのか。

それは、〝**考え続けている人**〟にほかなりません。

「どうすればお客さんが喜んでくれるか」

「どうすれば画期的な商品を生み出せるか」

「どうすれば効率がもっとアップするのか」

こういった何かをよくするための課題に常に向き合い、考え続けることで、人はよりよいアウトプットができるようになります。そんなアウトプットの中から、世の中を一変させるようなイノベーティブな商品やサービスが登場するのです。

何らかの成果を常に生み出している人は、「考えずにはいられない人」＝「思考中毒」の人であるともいえます。

思考中毒というと、何かよからぬ妄想にとりつかれて苦しむイメージを持たれるかもしれませんが、実際は正反対です。

私の経験によると、考えずにはいられない〝思考中毒〟になることは、むしろ快感です。しかも思考中毒の良いところは、人間の知性を司《つかさど》る脳の前頭前野を活性化させることにより、心身を健全にする点にもあります。そこが薬物中毒やアルコール中毒の快感とは決定的に異なる点です。

一度、思考中毒になると、人は日常を面白がりながら生きることができるようになります。

それは、**あらゆる商品やサービス、あるいは文化から芸術に至るまで「思考の集積」として見る習慣がつき、その思考に反応するセンサーが研ぎ澄まされるようになる**からです。

例えば、コンビニのスイーツを食べたときにも、作り手の思考の工夫にいち早く気づき、感動やリスペクトの気持ちが止まらなくなります。そして、発見した工夫を自分の仕事にも生かそうと考えます。

考えることによって結果が出ると、売上も上がり、いろいろな人から喜ばれ、自分の給料や評価も高まります。まさに思考中毒は、良いことずくめなのです。

この本では、「思考力」が求められる現代において、考えることを習慣化し、結果を出すためのヒントを解説しています。

「普段、あまり考えずにルーティン状態で仕事をしている」

「気がつくと、ネットやSNSなどで無為に時間を過ごしがち」

こういった人たちにとって、最初は考えることが面倒に感じられるかもしれません。しかし、本書で紹介する仕組みやコツを知ることで、思考の面白さに目覚めれば、確実に考え続けられる体質へと変われるはずです。

思考が習慣化すれば、何も考えていない時間がもったいないように感じられると同時に、生きている充実感がさらに得られるようになります。それはきっと幸せな人生を送ることにもつながるのではないでしょうか。

より豊かな人生を生きるために、読者の皆さんが思考中毒への道を歩むことを心から願ってやみません。

思考中毒になる！／目次

第4章 「読む・書く・話す」で考え続ける

構成　渡辺稔大
DTP　美創

第1章

なぜ考え続けることが最強なのか

「考えること」は何かを生み出す行為である

私はおおよそ15年以上にわたり、NHK Eテレで放送されている『にほんごであそぼ』という子ども向け番組の総合指導を行っています。

番組では、毎年ある時期になると、次年度の企画を考える会議を行います。この企画会議の素晴らしさは、始まった途端から参加者たちが怒濤《どとう》のようにアイデアを発言するところにあります。

新コーナーの提案や、既存のコーナーのリニューアル、出演者などについて、みんなで何十個ものアイデアを出し合います。採用されるのはごくごく一部なのに、とにかく出されるアイデアの数が過剰なのです。

私の役割は総合指導なので、本来はみんなの意見をとりまとめる立ち位置なのかもしれないのですが、やはり参加者と一緒になって考え、ひたすらアイデアを出し続けます。

一つのアイデアが提示されると、そのアイデアに対して別の人が「こうしたらどう？」と提案を加え、議論を重ねながら最終的な落としどころへと導いていきます。

そして、実はこの会議には「延長戦」があります。いったん会議を終えて、食事会へと移行するのですが、そこでも当たり前のように参加者がひたすらアイデアを出し続けるのです。

最初は食事をとりながら、なごやかに話し合っていたはずが、気がつくと、食事をするのも忘れ、興奮状態のまま白熱した議論を展開することになります。

さて、読者の皆さんの職場などでは、日常的にこんな活発な会議が行われているでしょうか。

会議の場では、意見を求められたときに一般論を口にする人がいます。例えば、男性向け化粧品のアイデアを出す会議で、「男性というのは、そもそもモテたいという願望が強いですよね」などと発言する人です。

一見、もっともらしい発言をしているのですが、そういう人に限って最後まで他人事《ひとごと》のような抽象論に終始します。肝心の具体的なアイデアを出そうとしない、つまりは「考えていない」のです。

あるいは、発言の機会を得てから、「えーと、ですね……」のように考え始める人もいます。それまでの時間いったい何をしていたの？　と問い詰めたくなります。こういう人は会議前も会議中も準備をせず、ずっと考えているふりをしています。

私は長年教員を務めていることもあり、100人規模の授業をしていても、どの学生の頭が働いているかどうかを全員把握することができます。話し方や話す内容だけでなく、表情からも思考レベルが不思議と読み取れるのです。

私の経験上、ちょっと真面目に見える人のほうが危険です。真面目な顔をしているわりに、意見を求められても具体的な発言が出てこない傾向があります。思考に集中している顔というのは「真面目そうな顔」とは違います。真面目風な人ほど、実は何も考えていないパターンが多いのです。

本当に真面目なら、一生懸命アイデアや意見を出すはず。つまり、それがない人は「真面目風」なだけで、真実は超不真面目なのです。

考えている人は、アイデアや意見など、具体的なアウトプットをしている人です。商品企画部に勤務する人なら、企画を提案してはじめて「考えていた」と評価されます。

考えているふりでは、何も生み出せません。重要なのは、仕事や勉強などで何かを生み出すこと、そして、そのためにどう考えるべきかなのです。

「考えごと」は思考に含まれない

世界的な文学作品の一つであるドストエフスキーの『罪と罰』の中に、「考える」をめぐって示唆的なシーンが登場します。

主人公であるラスコーリニコフは、学費を滞納して大学を除籍されたインテリ貧乏青年。頭脳は明晰《めいせき》ですが、世間からは相手にされず、自分への評価の低さに不満を持ちながら粗末な下宿にこもっています。

下宿の使用人をしている娘のナスターシャには、彼の行動が不可解に映ります。2人はこんな会話を交わします。

「(前略)この頃《ごろ》はどうして何もしないのさ?」

「しているよ……」としぶしぶ、ぶっきらぼうに、ラスコーリニコフは言った。

「何をしてるの？」
「しごとだよ……」
「どんなしごと？」
「考えごとさ」彼はちょっと間をおいて、まじめな顔で答えた。

（『罪と罰』新潮文庫より）

ラスコーリニコフは「考えごと」が仕事であると主張するのですが、ナスターシャにしてみれば、いったい何をやっているかよくわかりません。

挙げ句の果てに、彼は金貸しの老婆を殺害する計画を思いつきます。「老婆を殺せば、借金に苦しむ人たちが解放される」「一つの小さな悪は、百の善行に償われる」という発想に、彼はしだいに呑《の》み込まれていくのです。

「考えごと」をしているとき、実はほとんど脳は働いていません。私は以前、医師である東北大学加齢医学研究所の川島隆太先生と対談したことがあります。

川島先生によると、人が考えごとをしているときに脳の前頭前野の血流を測ると、実はそれほど活発でないことが判明したといいます。むしろ、日本語や英語を音読しているときのほうが、血流量が増加したのだそうです。単純な作業と思われている音読のほうが、脳を活性化させる。これが脳科学の研究からも明らかになってきたわけです。

考えごとのほとんどは「心配ごと」です。何かを思い煩い、物思いにふけっている状況を「考えている」と誤解している人は、意外に多いのです。

考えごとの特徴は、同じような思考を繰り返し、一向に進展しないところにあります。いわゆる「堂々めぐり」の状態です。考えごとをしているとき、私たちの心はさまよっています。

実は私自身、大学院時代に考えごとにとりつかれて、論文の執筆がまるで進まなかった経験があります。

当時の私はフロイトのような壮大な思想を構築すると決意し、毎日のように物思いにふけっていました。そのくせ、途中でミュージカル鑑賞などにハマってしまい、気がつけば1年近くを、1本の論文も書かないまま漫然と過ごしてしまったのです。

学者は論文を完成させてはじめて、考えた結果を形に表すことができます。論文を書かなかった時期の私は、自分では考えているつもりでも、実際には考えていないも同然でした。

時には物思いにふけってもいい

まずは、考えごとをしている時間を「考えている」行為と区別する必要があります。考えごとをしている時間を減らし、考えている時間を可能な限り増やしていく。それを目指すことが重要です。

「物思いにふける」を、古語では「ながめる」という言葉で表現します。

花の色は　移りにけりな　いたづらに　わが身世にふる　ながめせしまに

これは『古今和歌集』と『百人一首』に収録されている小野小町の有名な和歌です。ここで小野小町は、「長雨が降り続く間に花の色があせてしまった情景」と、「物思いにふけっている間にむなしく月日を過ごしてしまった自分」を重ねています。

小野小町のように、過去を思い煩うのは人間的な情緒であり、現代人にも共感できるところが多々あります。過去を思い煩う心情表現を排してしまったら、おそらく百人一首に収録されている歌の3分の1くらいはカットされてしまうのではないでしょうか。

もちろん現代人においても、物思いにふける情緒が不要だとは思いません。例えば、思春期の中高生が同級生の異性に恋をして、寝ても覚めても相手のことを考え続ける。そんな物思いにふける時間のすべてを否定していたら、人生は無味乾燥なものになってしまいます。

デートしているときや家族と過ごす休日などは、一緒に過ごす相手のことだけ考えるほうがいいと私も思います。しかし、そんな楽しい時間を満喫したあとは頭を切り替え、考え続ける人こそが、これから求められ、活躍する人になるのです。

AI時代に最強な「思考力」

まさに時代は恐ろしいスピードで進化しています。

江戸時代の人が、現代の私たちの仕事ぶりを目の当たりにしたら、仕事の速さにビックリするはずです。何をやっているかは理解できなくても、大変なスピードで働いている事実に衝撃を受けるに違いありません。

もしかしたら現代人は、歴史上の天才たちがしていたような脳の使い方を、当たり前のようにしているのかもしれません。

江戸時代はもちろん、昭和の高度成長期と比較しても、現代のビジネスパーソンには、はるかにスピードやアイデア、コミュニケーション力が要求されています。

私はスポーツ観戦を趣味としていて、海外のサッカー中継をよく見ています。現代のトップレベルにあるクラブチームと、1968年に開催されたメキシコオリンピック時に銅メダルを獲得した日本代表チームの映像を比較すると、明らかに現代の選手のほうが速く動いているのがわかります。一昔前にはスーパースターしかできなかったような高度なテクニックを、現代では普通レベルの選手が難なくこなしています。

どんな種目でも、競技レベルは確実に進化します。

陸上の100メートル走で、世界初の9秒台が記録されたのは1968年。アメリカのジム・ハインズが9秒95のタイムを打ち立てました。

その後、数々の選手が記録を更新し、現在では2009年にジャマイカのウサイン・ボルトが記録した9秒58が世界最速記録となっています。

面白いのは、一度進化すると、その基準が当たり前になるということです。

1972年のミュンヘンオリンピックで、体操日本代表の塚原光男さんが披露した「月面宙返り（ムーンサルト）」という大技が、ウルトラCとして世界に衝撃を与えました。当時、この技の分解写真が新聞に掲載され、超人のような扱われようだったのを私も記憶しています。

ところが、今では中学・高校にもムーンサルトを成功させる選手がいます。それだけ時代は進化しているのです。

進化し続けている現代人は、日々大変な仕事をこなしています。実は、大変な能力を持っているのですが、課題のほうがどんどん大きくなっているので、常に思考しなければ解決できない状況に直面しています。

今は社会の中で商品やサービスが飽和状態になっており、単純に「作れば売れる」時代は終わっています。同業者間の競争も激しく、情報の共有スピードも速くなっているので、目新しい商品やサービスが投入されても、すぐに陳腐化します。常に仕事のやり方を更新し、イノベーションを生み出さないことには時代に取り残されかねません。

おまけに、昨今はさまざまな分野でＡＩの導入も加速しています。今後、ＡＩ導入が進むと、人間のさまざまな仕事をロボットが代替するようになると予測されています。

雑誌やネットなどではたびたび「ＡＩで、なくなる職業」をテーマにした記事が特集されます。自動車の自動運転化が加速すると、タクシーやバスなどの運転手の職が奪われる……というのはよく言われる話ですが、ＡＩはホワイトカラーの職種の多くに取って代わることもわかってきています。

例えば、これまで専門職として高収入のイメージが定着していた弁護士の仕事も、もはや安泰とはいえなくなりつつあります。ＡＩ弁護士の業務処理能力には、人間はとうてい太刀打ちできません。

思考が必要な仕事はＡＩも奪えない

すでにアメリカなどでは弁護士業務を補助するパラリーガルの仕事の多くを、ＡＩ弁護士が担うようになっていきます。その中で、コミュニケーションが重視される仕事や、マネジメントを要する仕事が生き残る時代になっていくと考えられます。

おそらく小中学校の先生などは、当面は人間が担い続けるはずです。学校は知識を教えるだけでなく、人間教育を行う場でもあるからです。ＡＩが子どもに人間教育を行うシーンというのは、少し想像しにくいところがあります。

また介護の現場など、力仕事だけでなく、細やかなコミュニケーションスキルが求められる仕事も、ＡＩに代替されにくいといえます。

職場では、事務系の仕事の多くはロボットが担うようになるでしょうが、マネジメントをする人間までが不要になるわけではありません。

職場のメンバーの性格や気質までもつぶさに把握して、プロジェクトを企画したり、戦略を練ったりするのは、人間ならではの能力です。

というのも人間理解というのは、かなり複雑で深いものがあります。データ化された情報だけでなく、暗黙知や身体知をも含めた総合的な判断が下せるのは人間だけです。

つまり、これからの時代を生き抜き、成果を出していくためには、思考力を磨く以外に方法がないのです。

福沢諭吉は『学問のすゝめ』で「天は人の上に人を造らず」と述べたことで有名です。人間に上下はないという主張ですが、一方で福沢は、次のようにも語っています。

世の中にむずかしき仕事もあり、やすき仕事もあり。そのむずかしき仕事をする者を身分重き人と名づけ、やすき仕事をする者を身分軽き人という。（『学問のすゝめ』）

「やすき仕事」というのは誰でもできる代替可能な仕事であり、現代でいえば早晩ＡＩに取って代わられるような仕事といえます。これに対して「むずかしき仕事」は、学問を修めた人だけができる難しい仕事を指しています。

難しく複雑な仕事をやりこなせるのは、考え続けられる人のみです。難しい仕事をする人は競争相手も少なく、相応の報酬を得ることもできます。

考えながら難しい仕事をやりこなし、驚異的なスピードで出世した歴史上の人物といえば、真っ先に思い浮かぶのが木下藤吉郎。のちの豊臣秀吉です。

若き日の秀吉には、信長の草履《ぞうり》を懐で温めた上で差し出し、感心されたという有名なエピソードがあります。後世の創作とする説もありますが、秀吉の業績に鑑みれば実際にあってもおかしくない逸話です。

秀吉が成し遂げた仕事をたどっていくと、彼が考えずにはいられない人間だったことが手に取るようにわかります。

例えば、本能寺の変による信長の死を知るやいなや、備中高松で毛利軍を攻めていた秀吉軍が一転して和睦《わぼく》を結び、京まで約10日間で取って返した「中国大返し」。これは、秀吉ならではの数々の工夫が可能にした歴史的な行軍です。

秀吉は、足軽を脇差一本に軽装化する、輸送部隊を先行させ補給物資を事前に準備する、報賞によるモチベーションアップを図るなど、周到な戦略のもとに中国大返しを実現しました。

このように考え続け、イノベーティブな作戦を実行し続けた結果、秀吉はついに関白という事実上の最高位にまで上り詰めたのです。おそらく秀吉に向かって「この10分何を考えていたか？」などと尋ねたなら、「ボーッと考えごとをしていた」といった答えは絶対に返ってこず、即座に複数の案件がよどみなく出てくるのではないでしょうか。

今、第一線で活躍している経営者も同じように答えるはずです。難しい仕事をしている人は、常に思考し続けている。これは古今東西を問わない真理です。

思考の差が仕事の差となる

考え続けている人は、仕事において常にクリエイティブな成果を発揮しています。

例えば、車の運転などに人の思考は顕著に表れます。というのも、道路状況は信号や渋滞、車線の数、天気などによって刻々と変化するからです。

変化する状況の中で、安全かつスムーズな走行を選択し続けるには、相応の思考力が必要となります。特に、プロのドライバーを見ていると、この思考力の差が明確な結果の差となって表れます。

私が移動でタクシーを利用するとき、道路に3車線あって一つの車線が空いているのに、わざわざ渋滞しているほうの車線を平気で選択する運転手さんがいます。

そんなとき、私は恐縮しつつ、そしてできるだけ感じの良さを意識しながら、運転手さんに指示を出します。

「まずは左の車線に移っていただいて、ここで少しスピードを出してください。あの交差点の先からまた右に車線を変えて……」

そんなふうに差し出がましい口をきくのは、私にとって勝手知ったる道だからです。毎日のように通い慣れているので、どの道を通ればスムーズに移動できるかがだいたい頭に入っています。すると、やはり何もしなかったときと比較して断然早く目的地に到着できるのです。

ただ、中にはまったく私に口を挟ませない、思考力の高い運転手さんがいます。瞬間瞬間で最善の車線とスピードを選択して、しかも安全を保ちながら目的地に驚くほど早く運んでくれるのです。そんな運転手さんの車に乗ると、時間が早いだけでなく、料金が何百円も安く済むこともあります。

冷静に考えると、早く到着すると料金が安くなり、指示をしたのに遅くて料金も高いのはおかしいのではないかと思います。むしろタクシー会社が、道を知らない初心者ドライバーは2割引、優秀なベテランドライバーは1割増しなどの料金設定をすれば、そのタクシー会社を選ぶ乗客が増えるのではないでしょうか。

現状では、優秀なドライバーが報酬で報われるシステムになっていません。だから、私はせめて彼らの職業倫理の素晴らしさを讃えるために、「素晴らしく考えられた運転ですね」「プロ意識の高さに感動しました」などと、運転手さんを大絶賛することを心がけています。

昨今では教育現場でもこのような能力が重要視されています。

文部科学省による「平成29・30年改訂学習指導要領」では、新しい時代を生きる子どもたちに必要な力を、次の3つの柱として整理しています。

・学んだことを人生や社会に生かそうとする学びに向かう力、人間性など
・実際の社会や生活で生きて働く知識及び技能
・未知の状況にも対応できる思考力、判断力、表現力など

これを見ると、「思考力・判断力・表現力」がセットで捉えられています。かつては、

教科書を写真のように丸暗記できるような子を「勉強ができる子」として評価する風潮がありましたが、今は思考して判断したことを表現できる能力が重要視されているわけです。

これは、ビジネスで必要とされる能力にも通じています。新しい商品やサービスを作るとき、アイデアを考え、それを選び取って、実際の形に仕上げていく能力が欠かせないからです。

完璧な車線変更で乗客を早く目的地に運ぶ運転手さんは、まさに思考・判断・表現を実践している好例といえます。

私の実感では、仕事において考え続けられる人は1〜2割の割合で存在しています。こういった人たちの仕事ぶりを観察していると、仕事において考えるということがどういうことなのかが、何となくわかるはずです。

特に、考えている人とそうでない人が同じ仕事をすると、その差が明確となります。思考力がある人は、ミスが起きたときにも瞬時に原因を分析して、改善すべき点を素早く修正していきます。仕事をすればするほど、フィードバックが積み重なるので、どんどん作業が効率化していきます。

ですから、何も考えずにボーッと仕事をしている人と比較して、圧倒的にクリエイティブな成果を出し続けられるのです。

考え続けることは気持ちいい

思考習慣が身につくと、仕事で成果を出せるようになるだけでなく、考えないでボーッとしている時間が気持ち悪く感じられるようになってきます。考える材料を常に欲するようになり、考えずにはいられなくなります。

野球でスピードボールを気持ちよくポンポンと打ち返しているときに、急に超スローボールを投げられたり、明後日《あさって》の方向に暴投されたりすると、イラッとする。こういった感覚と似ています。

この人間の思考欲求を上手に利用しているのが、テレビのクイズ番組です。クイズの人気長寿番組は、テンポ良く次々と問題を出していきます。そうすると、視聴者は「自分で答えたい」「答えを知りたい」という欲求が高まり、チャンネルを変えづらくなります。

クイズ番組には、単に知っているかどうかを試す知識問題が出題されるケースが多いのですが、中には想像力や発想力が試される問題もあります。

こういう類いの問題を小学校などで子どもたちに出すと、みんな目を輝かせながら、一生懸命答えを出そうとします。「先生、もっとたくさん問題を出して」とお願いされるくらいです。

つまり本来、人は考える行為が好きであり、考えることは快感なのです。大人になるに従って、いつの間にかその快感を忘れ、面倒になって避けているだけなのです。

走ることも同じです。子どものころは外で走り回るのが大好きだったのに、大人になると運動不足のせいで走るのが億劫《おっくう》になります。しかし、練習して少しずつ走れるようになると、走ることの楽しさを思い出します。

私の友人は、毎日10キロくらいランニングをしないと、気持ち悪くて我慢できないと語っていました。友人は都心に勤務するエリートビジネスパーソンなのですが、皇居を2周してからでないと、イライラして帰宅できないというのです。思考できないときのイライラと似たものを感じます。

「そんなにあくせくしないで、もうちょっとのんびり生きてみたら」

そう思われる方もいるかもしれません。しかし、人として生まれた以上、頭を働かせて考え続けるデカルトや宮本武蔵のような生き方を目指すべきではないか、と私は思います。そのほうが断然、生き切っている充実感を持てるし、楽しいからです。

思考力の有無は、生まれつきのものではありません。思考力は仕事や勉強で必要に迫られて考えているうちに身についたり、意識することで習慣化するものなのです。

人は誰でも思考中毒になれる

程度の差こそあれ、人は何か依存する対象を持っているものです。

例えば、新聞休刊日でいつものように新聞が配達されていないと知ると、とたんにガッカリして、ちょっとイライラする人がいます。こういう人は活字依存症（あるいは新聞依存症）の傾向があるといえます。

仮に若い世代の人に「今日は新聞が休刊だ」と言ったところで、ほとんどの人が何も感じないでしょう。それよりも「YouTubeが一時的にサービスを停止」と言われたほうが、よほどガッカリするはずです。これはYouTube依存症ということになります。「何々がないと我慢できない」は、依存症や中毒症状を表しています。

宮沢賢治の作品に『学者アラムハラドの見た着物』という短編小説があります。学者のアラムハラドは、教え子である子どもたちに火や水、小鳥の性質について一通り語って聞かせたあと、こう問いかけます。

小鳥が啼かないでいられず魚が泳《およ》がないでいられないように人はどういうことがしないでいられないだろう。人が何としてもそうしないでいられないことは一体どういう事だろう。考えてごらん。

一人の子が「人は歩いたり物《もの》を言ったりいたします。」と答えると、アラムハラドはさらに答えを促します。もう一人の子が「人が歩くことよりも言うことよりももっとしないでいられないのはいいことです。」と答えます。

アラムハラドはその答えに同意しかけるのですが、セララバアドという子が何か言いたそうなのを見つけ、発言を促します。彼はこう言います。

人はほんとうのいいことが何だかを考えないでいられないと思います。

アラムハラドはそれを聞いてハッと驚き、思わず目をつぶります。おそらく子どもの口から自分が用意していた答えのさらに上を行く答えが出るのを耳にして、心を動かされたのでしょう。なんということのない教室の日常を描いていながら、非常に印象深いシーンです。

言われてみれば、確かにその通り。人は根本的に考えずにはいられない生き物です。ですから、「SNSをせずにはいられない」「ネットゲームをせずにはいられない」も、ちょっとした工夫で「考えずにはいられない」に移行できるはずです。

もちろん、ゲームやSNSも取り組み方によっては思考を促すものでありますが、依存症レベルになると、思考停止に近い状態に陥る危険性があります。アルコール中毒、薬物中毒などは、思考停止の最たるものです。

『楽園・味覚・理性』（シヴェルブシュ著、法政大学出版局）という本では、近代とは、ワインを飲んで意識が酩酊《めいてい》していた状態から、産業革命を機にコーヒーへと嗜好《しこう》が変化し、意識が覚醒するようになった状態であるというユニークな分析が行われています。

アルコールや薬物ではなく、思考によって快感を得るのが現代人ということなのでしょう。

思考中毒になると、生きるのが楽しくなる！

考え続けることが習慣になっていない人は、仕事などで「考えろ」と言われているうちにストレスを感じて疲れてしまいます。

一方で、思考習慣を身につけている人は、考えることが楽しいので、課題を乗り越えて成果を出すことができます。

私は学生たちに、「君たちの将来は、考えることがストレスになって逃げだしたくなる人と、ワクワクしながら考える人という2つの道に分かれています。どっちの道に進みたいと思いますか?」と言いながら課題を与えています。

思考のワクワク感をいち早く身につけた人は、一生にわたって物事にワクワクした気持ちで、あらゆる物事にチャレンジできるようになります。

考えることが快感になると、一種の「思考中毒」のような状態となります。考えると気持ちが良くなり、高揚感が得られるので、やめられなくなるのです。

人間の脳内では、神経伝達物質が情報を伝達することで、脳の活動が司られています。そんな神経伝達物質の一つにエンドルフィンがあります。エンドルフィンは「体内で分泌されるモルヒネ」を意味し、モルヒネの6・5倍もの鎮痛作用があるとされる物質でもあります。

特に、エンドルフィンの中でもβ《ベータ》エンドルフィンは快感を得るときに分泌されることがわかっています。愉快で気持ちのいいことをしているときに、脳内でβエンドルフィンが分泌されることで、私たちは高揚感を得ているわけです。

βエンドルフィンは、楽しく友人と会話しているときや美味しい物を食べているときにも分泌されます。けれども、最もβエンドルフィンの分泌が感じられるのは、苦難を乗り越えて何かを達成したときです。

例えば、大きな仕事を任されたときや、余裕のない締め切り、同僚との意見の対立など、さまざまな障害を乗り越え、イノベーティブな成果を上げられたなら、大きな達成感が得られ、高揚感も得られるはずです。

人間が思考するときは、たいてい何らかの成果を出そうとするときです。成果を出すにあたっては、数々の制約に直面し、困難を感じることが多々あります。けれども、そうした障壁を思考の力で突破したときの達成感には、何物にも代えがたいものがあります。

ですから、ぜひ読者の皆さんには思考にハマり、思考中毒になっていただきたいと思っています。考えることがたまらなく面白い、考えずにはいられない。そんな状態になるのが、本書で目指すゴールです。

覚悟を持って思考する

19世紀に活躍したフランスの作家・バルザックは借金や旺盛な食欲、贅沢な生活、派手な女性遍歴など、数々の過剰なエピソードを残していることでも知られています。

彼は、とうとう亡くなるまで莫大な借金を清算できなかったのですが、とにかく派手な生活を維持するために、大変なハイペースで執筆をしていました。

ロシアの大文豪であるドストエフスキーも、借金の多さでは有名な作家の一人です。『賭博者』という作品を残しているように、自身もギャンブルを好み、大金をつぎこんでは失う、を繰り返していました。まだ書いていない本の原稿料を前借りし、本を書く前にスってしまったというエピソードもあるくらいです。

ドストエフスキーも、借金を返すために大量の原稿を執筆し、世界的な名著とされる『罪と罰』『カラマーゾフの兄弟』などの作品を書き上げました。

もちろんバルザックやドストエフスキーの例は過剰すぎる人たちの話であり、借金を抱えれば生産的な仕事ができる、などと軽々しく結論づけられるわけではありません。

ただ、ある程度追い詰められた状況で思考すると、クリエイティブな仕事ができるのも事実です。

日本では、太宰治の文章にも「考えて書き続けるしかない人間」の覚悟のようなものが感じられます。太宰のエッセイを読むと、ひたすら自虐的に自分を語る文章が繰り返され、行間から苦しみが伝わってきます。

「自分はくだらない人間です」

「私はまだ傑作など書いたことはない。傑作は書けないけれど、その時々で自分の失敗してきた人生を書くより他にない。それ以外に書く物を何も持っていないのだから」

そういった内容の独白が頻繁につぶやかれています。

『散華《さんげ》』というエッセイには、戦地に赴いた友人からの手紙が紹介されています。

御元気ですか。
遠い空から御伺いします。
無事、任地に着きました。
大いなる文学のために、
死んで下さい。
自分も死にます、

この戦争のために。

太宰は、この手紙を読んだときの感情を次のように記します。

死んで下さい、というその三田君の一言が、私には、なんとも尊く、ありがたく、うれしくて、たまらなかったのだ。

感動のあまり、太宰は短い作品の中で、実に3回にもわたってこの手紙を引用しています。私は、この作品をもとにクイズを出すことがあります。

「戦地で玉砕した文学仲間の友人から太宰治にあてて手紙が届きました。さて、『大いなる文学のために、』に続けて何と書いてあったでしょうか」

多くの人は「大いなる文学のために、書き続けてください」「大いなる文学のために、傑作を残してください」などと解答します。「死んで下さい。」という文章は、なかなか発想できません。

当時は、自分の友人が当たり前のように戦地で命を失う時代でした。そういう時代の人たちが書いていた文学は、現代人の想像を超えた思いが込められています。そういう意識で『人間失格』などの名作を読み返してみると、太宰が「文学のために、死んで下さい」を作品を通じて実行したようにも思えてくるのです。

やはり抜き差しならない状態で考え続け、仕事をし続けた人は、後世に残るような業績を成し遂げています。考えざるを得ない人生を生きることは、思考する上で大きな力になるのは間違いありません。

第2章

考え続ける習慣をつける

「頭を使わないとできない」仕事をする

思考中毒になるためには、まず「思考力を使わずにできる仕事に嫌悪感を持つこと」が重要です。

例えば、会社で1冊の本をコピー機でコピーするように指示されたとしましょう。もちろん、これはこれで意味がある仕事ですし、拒否するのは不可能です。この手の単純作業を楽しみながらできる人は、人格的にも優れているので、出世する可能性は大いにあります。

けれども、私の場合は、手を動かすだけの単純作業をしていると、すぐに嫌気が差してしまいます。

「こんなことをやるために生きているわけじゃない」

そんな愚痴が口をついて出てきそうになるのです。

私は大学院生だったころ、コピー取りの作業に迫られるたびに愚痴をこぼしていました。大学院生ですから、本を数冊分コピーするくらいの時間的余裕はありました。しかし、ひたすら手だけを動かしていると、自分自身を裏切っているかのような後ろめたい感情が湧いてくるのです。

自分の研究のためにコピーを取るのですら面倒なのに、ましてや人からコピー取りを頼まれるのは苦痛でした。そこで、自分でコピー作業を請け負ってくれる業者さんを見つけ、お金を払って依頼することにしました。要するに「時間をお金で買う」という発想に切り替えたのです。

当時、東京大学の赤門前にあった業者さんにとって、私は大のお得意様。定期的にコピー取りを発注していました。

では、コピー取りの費用はどうしていたのか。私は塾講師のアルバイトをして得たお金を投入していました。

「アルバイトをして、他人のアルバイトのお金を払っているだけじゃないか」

確かにそうですが、私にとってはコピー取りより塾講師のほうがはるかにクリエイティブで楽しい行為でした。そのお金で苦手なコピー取りを代行してもらえるなら、願ったり叶ったりだったのです。

振り返ってみれば、私はそんなふうに単純作業を避け、思考力が必要な方向へと舵《かじ》を切りながら生きてきたように思います。

「ちょっと少なくてもお金がもらえるなら、コピー取りのほうがラクでいい」

「同じ給料なら、ラクをしたほうがいいに決まっている」

そういう理屈で生きている人がいるのは知っています。

「コピー取りだって大事な仕事だし、やることに意味がある」

そういう反論にも一理はあります。

けれども、1日をコピー取りで費やすことに何の苦痛も感じない人と、自分の大切な1日が失われたと悔しがる人とでは明らかに違いがある、と私は考えます。

特に、新鮮な頭脳とエネルギーを持っている若い人に退屈な単純作業をさせておくのは反対です。若者にこそ、クリエイティブで思考力が要求される仕事を与えなければなりません。単純作業は、なかなか活躍の場を見つけられない高齢者などにワークシェアすればいいのです。

成果を出していくには、常に考え続ける必要があります。考え続けるためには、「考えない作業は気持ち悪くて耐えられない」という感性を持たなければなりません。

皆さんには「もっと思考力が必要な難しい仕事をしたい」という意欲を持ってほしいのです。

常に「何を考えているか」を自覚する

自分がきちんと思考できているかどうかは、「今、何を考えているか」を自問自答することで明確となります。

例えば、仕事で企画書を作成しているビジネスパーソンがいるとしましょう。この人に「今、何を考えていますか?」と質問をしたところ、「企画書について考えています」との答えが返ってきたとします。こういうざっくりした答え方をする人は、実際には思考していない確率が高いといえます。

企画書について本当に考えている人は、「企画のコストが見合うかどうかを検討しています」「現実的なスケジュールを考えています」などと、考えている内容を明確に答えるはずです。

私にはかつてテニスのコーチをしていた時期があるのですが、「今、どんな練習をしていますか？」と質問すると、考えている人といない人をすぐに見分けることができました。

「フォアハンド（ラケットを握る手側で球を打つ）の練習をしています」などと答える人は、あまり考えずに惰性で練習をしている人。練習時間のわりには上達しません。

一方で、「クロスから来たボールをフォアハンドでストレートに打ち返すときのタイミングと面の精度を上げる練習をしています」などと答える人は、自分の課題が明確です。一球打つごとに課題の克服を念頭に置きながらフィードバックしていくので、みるみる上達していくのです。

スポーツや武道、そして仕事には「型」というものがあります。一般的には同じ動作を100回、1000回、1万回……と繰り返す過程で型が身につくとされています。

ただ、同じように型を身につける場合であっても、考えながら取り組む人と、人から言われたまま取り組む思考停止状態の人とでは、技術に雲泥の差が生じます。

私が元阪神タイガースで「代打の神様」として活躍した八木裕《やぎひろし》さんとお話をしたとき、

「どうしてプロの選手でもアウトコースに大きく外れるスライダーを空振りしてしまうのですか？」と質問したところ、「考えて練習していないから、ああなるんです」とおっしゃったのが印象に残っています。

八木さんによると、同じ失敗を繰り返す人は、ただ気持ちよく素振りをしているだけ。だからボールになるスライダーを永遠に振り続けるというのです。

これに対して、一流選手は実戦でピッチャーが投げる球を想定しながら素振りをしています。

「実は、ボールになるスライダーを振らないための練習もちゃんとあるんです」と八木さんは語っていました。

「今、何のためにこれをやっているのか」という目的を意識している人、つまり考えている人は何をやっても成果を出すことができます。〝何のために〟を常に自問自答することこそが大切なのです。

テーマを決めると思考しやすい

目的を意識するには、課題やテーマを持つ必要があります。

私の知り合いの小学校の先生は、6年生の児童一人ひとりに研究テーマを持たせ、最終的に「卒論」を書いてもらう指導を実践されています。

例えば、「宇宙の問題について考えたい」「環境問題について考えたい」「世界平和について考えたい」などテーマを設定するところからスタートし、必要な参考文献を図書館で探してきて、学んで考えた内容を作文にまとめていくという具合です。

最も驚いたのは、クラスの全員が400字詰め原稿用紙で100枚の卒論を書き上げるという話を聞いたときです。大学生でも原稿用紙50枚を書くのに四苦八苦しますから、相当大したものです。しかも、これは特別な私立小学校ではなく、ごく普通の公立小学校で行われている授業なのです。小学生でも、訓練を積めば、この程度のことはやり遂げる力を持っているわけですね。

小学生が100枚の卒論を書けるほどに考え続けられたのは、それだけ継続して考えたいと思えるようなテーマがあったからです。

社会人も、仕事で解決すべき課題やテーマを明確にしておくことが肝心です。日常的に企画書を書いたり、商品開発を担当したりしているような、すでにテーマが明確になっている人は別として、経理や総務などで事務の仕事をしているケースでは、なんとなく仕事がルーティン化してしまい、テーマが明確でないという人もいるかもしれません。

こうした人は、自分自身でテーマを設定しておく必要があります。

「作業の時間を短縮するにはどうしたらいいか」

「職場の全員のやる気を高めるにはどうしたらいいか」

等々、自分なりにテーマを決めて、考え続けることにチャレンジします。

それでもテーマが見つからない場合は、何かきっかけになるような場に積極的に出向くというのも一つの方法です。

例えば、ビジネスパーソンが起業をテーマにした集中講座などを3、4日連続で受けると、一気に起業に対する関心が高まり、起業について思考するスイッチが入ります。

セミナーや講座などちょっとした機会を与えてくれる人や場所に出会いさえすれば、案外人は思考習慣を簡単に身につけてしまうものです。

フッサールという哲学者は、人間の意識は、意識そのものとしてあるというより、必ず何かに向かっているところに特徴があることを指摘しました。これは「意識の志向性」と呼ばれるものであり、簡単にいうと、意識は必ず〝何かについての意識〟であるということです。

どんなにボーッと過ごしている人でも、意識がある限りは、必ず何かの対象に向けて矢印のようなものが向けられています。

そう考えると、意識が向かう先が思考を促進するものであれば、人は有意義に考え続けられるといえます。やはり、テーマを明確にすることが第一なのです。

好きなことを思考のテーマにする

最近はほとんど見かけなくなりましたが、昔は駅のホームなどで傘をゴルフクラブに見立て、素振りの練習をしているおじさんを目にすることがありました。

ホームで素振りをするのは完全にマナー違反ですが、四六時中ゴルフについて考え続けているという意味では、ある意味幸せな人ともいえます。

片時もゴルフのことを忘れず「こうすればいいかな」「ああするとうまくいくかもしれない」などと考え続ければ、間違いなくゴルフは上達します。このおじさんがずっとゴルフについて考え続けられるのは、ゴルフが好きだからにほかなりません。つまり、人は好きなものについては、放っておいても四六時中考えようとする生き物なのです。

思考中毒の感覚を知るために、まずは好きなものについて考え続けるというのは一つの方法です。興味がある対象については、常に新鮮な感覚で貪欲に知識を得ようとします。考えれば考えるほど、もっと新しい情報が欲しくなり、ますます沼にハマるという好循環が生まれるのです。

作家の村上春樹さんは、もともと作家志望だったわけではなく、F・スコット・フィッツジェラルドやレイモンド・チャンドラーなど大好きなアメリカの作家の作品を読み込んだり、翻訳したりしているうちに、自身の文体を身につけたというようなことを書いています。

そう言われて、チャンドラーの『ロング・グッドバイ』などの村上春樹さんが翻訳した作品を読むと、村上さん自身の文体や独自の世界観を感じます。

自分が好きなものについて「なぜ自分はこんなに好きなんだろう？　なぜ心が揺さぶられるのだろう？」と細かく分析していく作業は、思考力を鍛えます。

好きなものを分析しているうちに、「このやり方は、自分の仕事にも応用できるかもしれない」「この部分を変えれば、日本でも人気が出るかもしれない」などと発想することもできるようになります。

大学や企業で研究している人は、特定の分野についてハマっている「プロのオタク」ともいうべき存在です。彼らは、ハマっているテーマだからこそ研究を続けられるし、成果を上げることができているわけです。

特に好きなことがない人は、とりあえず流行《はや》っているものに「にわかファン」として乗っかってしまう方法もアリです。ラグビーが流行ったらラグビーに興味を持って追いかけてみる。アイドルグループの嵐に興味を持って追いかけてみる。「にわか」であることを馬鹿にせず、積極的に乗っかる姿勢が重要です。

嵐を追っかけるのは、仕事で成果を出す思考とはまったく関係なさそうですが、あながち無関係でもありません。少なくとも、嵐は多くの人の心を惹《ひ》きつけています。そこには何らかの理由があるはずです。人気の理由は、きっと何か別の商品やサービスにも応用できると考えるべきです。

「マイブーム」という言葉を発明したみうらじゅんさんは、その時々で「自分の好きなこと」を追求してきただけですが、結果的に「ゆるキャラ」ブームの火つけ役になるなど、プランナーとして大きな成果を上げています。

たとえ個人的なこだわりであっても、自分のインスピレーションを鼓舞してくれるような対象を持つこと自体に意味があるのです。

思考の記録をつける

テーマを明確にした上で、思考の習慣をつけるには「自分がどれだけの時間考え続けられているか」を把握することも欠かせません。

例えば、ダイエットをするときには、何をおいても毎日体重計に乗ることが基本だといわれます。自分の体重が今どの程度なのかを把握することで「もっと運動の回数を減らそう」「間食を一切やめよう」「とりあえずはこのペースをキープ」など、ダイエットの進め方の軌道修正ができるようになります。

これは、思考をするときも同じです。

現状把握をしないまま考えようとすると、「もっと考えろ！」「どうして自分はこんなに集中力がないのだろう」などと、自分で自分を責める方向に向かいがちです。

そうではなく、まずは自分の現状と向き合うところからスタートすべきです。

フィードバックをするには、現状把握が欠かせません。現状を把握するからこそ、冷静に対処できるわけです。そのために有効なのが、手帳に思考した内容を記録するという方法です。

中学3年生のころ、私は父親から「毎日、自分が考えたことをノートに書いておくといいよ」とアドバイスされた記憶があります。「今日、何をしたか」を書く日記であれば、小学生のころから書き続けてきたのですが、父親が言っていたのはそういう日記とは違って、思考の足跡をノートに記録する習慣を身につけろということでした。

それ以降、思考の記録は私の習慣と化し、大学生になってからも習慣は継続しました。手帳に記録しておけば、毎日どれだけ思考できたのかをチェックできます。また、同じ内容について延々と考え続けるのを防止できる効果もあります。

まずは、考える習慣づけが重要であるため、最初は思考の質を問わず、どれだけ思考できたかにフォーカスして記録しましょう。

継続とクオリティを同時に追求するには、毎日テストを課してくれるようなコーチの存在が必須です。けれども、多くの人は一人で思考習慣を身につけなければならないので、まずは継続優先で取り組むのが賢明です。

ある程度、思考が習慣づけられて思考中毒になると、それに付随して思考の質も向上していきます。同じレベルで考え続けるのに飽きてきて、自然とその先を追い求めて思考するようになるからです。スポーツでも、同じ動作を何千回、何万回と繰り返すうちに、自然とレベルアップできるのと同じです。

手帳に思考を記録する

1日のうち、どれだけの時間思考できているのかは、思考している内容を紙に列挙すれば一目瞭然です。列挙した数が多ければ、それだけ思考できている証拠です。

私はスマホのメモ機能を活用して記録する機会も多いのですが、特に慣れない人はアナログな手帳を活用するのがおすすめです。名づけて「思考手帳」です。

思考手帳に、思考した内容をざーっと列挙しておくと、途中で会議や食事、打ち合わせなどで中断したとしても、手帳を見直せば思考の続きを再開できます。電車に乗っているときにも、手帳に目をやれば、移動しながら考え続けられます。

思考手帳に記録するときには、できれば30分ごとに考えた内容を書いていくのが望ましいでしょう。

バーチカルタイプの手帳であれば、縦に時間軸が取ってある縦長の帯に、30分や1時間単位で1日の思考を記録できます。とりあえず30分のうちに考えたことを手帳に書き込んでみる。すると不思議なことに、「次の30分で書き入れる材料を探さなければならない」という気分になります。そこで、はじめて思考のスイッチが入ります。そして、「考えるべき材料が常にある状態」にしておけることが、一つめの重要なポイントになります。

考えたから書き込むのではなく、「書かなければいけない」という制約を課されるからこそ、思考を始められるというメリットもあります。

思考手帳は、あくまでも思考を習慣化させるためのツールです。「斬新なアイデアを書き込まなければ」などと意気込む必要はありません。さしあたっては、考えた内容をキーワードなどをからめながら箇条書きにしておくだけで十分です。

営業担当者の場合でいうと、「A社で商談」「B社で提案」などと書くのはただの行動ですから、「今月の売上を10％上げるには？」「B社の仕事をとるには？」などと記録します。

書籍の編集者であれば、「本のタイトル」「カバーのコピー」「新しい本の企画」「○○本の構成案」などになるでしょう。

そして、ここからが重要ですが、仕事中に考えるのは、ある意味、当たり前です。思考手帳が威力を発揮するのは、通勤時間や移動中などこれまでボーッとするか、考えごとに費やしていた時間に、どれだけ思考できるかということです。そのための思考手帳といっても、過言ではありません。これが2つめの重要なポイントです。

ですから手帳には行動や仕事内容は記入せず、あくまでも「思考の痕跡」を残すようにしてください。

手帳に3日の空白があるとすると、思考も空白の3日を経過していたことになります。手帳に記録しなくても思考はしているはずですが、記録しないと考えた内容はあっという間に霧散《むさん》してしまいます。

思考手帳を持ち歩くのは、思考のチェック道具を持ち歩いているのと同じです。考えた内容を記録すると、間違いなく頭脳が明晰になってきます。自分が追究するテーマについて深く考えるようになり、次々とアイデアが浮かぶのが実感できると思います。

手帳に手書きする行為に意味がある

手帳に記録するという意味では、スマホでGoogleカレンダーなどを活用する方法もあります。あくまでも、自分にとって使いやすいものを選ぶのが基本ですが、思考自体に慣れていない人は、まずは手書きで記録するところから始めるのがおすすめです。

手書きのメリットは、頭と手が連動する感覚が得られるところにあります。実際に、脳科学の分野では、手書きをすると認知症になりにくいという報告もあるようです。

手書きには、思考を促す一定の効果があると推測できます。身の回りにある道具がどんどん便利になるのは喜ばしい反面、思考の退化が懸念されるのも事実です。

今や、わざわざ録音したものを文字に起こさずとも、音声をそのまま文字入力できるような技術も利用できる時代です。入力の手間が省けるのはかなり便利であり、一度便利さを享受すると、もはやそれ以前の生活には後戻りできません。

私自身、あえて不便な生活に戻ろうなどと主張するつもりは毛頭ないのですが、手書きで文字を書こうとしたときに文字が出てこないのは、退化の兆候であるとも感じます。

私の知り合いのデザイナーには、鉛筆を使って仕事をするという人が複数人います。最終的には、鉛筆で書いたものをデータ化して作業するそうですが、最初の発想は鉛筆というアナログな道具が適しているというのです。

面白いことに、手書きのほうがアイデアが湧き出やすいとの見解が一致しています。

手を動かして思考することで、それに刺激されて次の思考が促される。この連続が、思考の持続を生み出すのです。

記録すると「潜在意識」に働きかけられる

ついでに言えば、手帳に思考を記録することは、意識だけでなく潜在意識にも少なからず影響を与えます。

私はかつて、友人から起き抜けに自分が見た夢を記録する習慣を持っているという話を聞きました。

人間は夢の中で荒唐無稽なストーリーを作っているものの、たいていは起きてしばらくすると忘れてしまいます。そして、何事もなかったかのように過ごしています。

結構な頻度で夢を見ているはずなのに「何か面白い夢を見た記憶だけはあるのだけれど、どんな話だったかな」という具合に思い出せなくなります。そこで、友人は枕元にペンとノートを置いておき、起きた瞬間に記録するようにしたそうです。

すると不思議なことに、段々面白い夢を見るようになったというのです。それを聞いて、半信半疑ながら私も真似をして実験してみることにしました。

当時の私が頻繁に見ていた夢に、悪者にひたすら追いかけ回される、というものがありました。追いかけられている理由も、どこに向かって逃げているのかもよくわからないのですが、逃げているときには水の中を進んでいるように体がどうしようもなく重いのです。

翌日から、不愉快ながらも、朝起きてすぐに悪者から追いかけられた夢について詳細に記述するようになりました。そうやって夢を記録し続けたところ、驚くことに見る夢の内容が変化してきました。

最初は、水の中をひたすら進んでいるようだったのが、そのうち浮力があるという事実を発見し、水上を走って進めるようになりました。さらに、「これだけ浮力があるということは、もしかすると空を飛べるかもしれない」と気づき、いつの間にか大空を浮遊する夢へと変わっていきました。最終的には、自由自在に飛翔をコントロールできる、大変快適な夢を見るようになったのです。

おそらく、記録をつける行為を通じて、無意識に何らかの働きかけがあったのは間違いありません。

いずれにしても、人間には記録をすると、思考や行動のクオリティが上がる能力が備わっています。その能力を活用しない手はありません。

記録をする必要がなければ、なんとなくボーッとしたまま時間が過ぎてしまうのに対して、記録するだけで思考や行動の質が上がります。

最初は手帳に書くのがプレッシャーとなったり、面倒に感じられるかもしれません。しかし、考えた成果が目に見えるようになると充実感が得られ、モチベーションが上がります。思考中毒になるにつれ、ムダに時間を過ごしたくないという意識が働くようにもなるのです。

思考の「質」より「習慣」を重視する

私は学生に思考習慣をつけてもらうために、一つの課題に1週間取り組んでもらい、1週間後にチェックし、フィードバックした上で、さらに1週間継続して取り組んでもらいます。この2週間で、結構な確率で学生たちは思考習慣を定着させていきます。

例えば、「新聞を切り抜いて、切り抜いた記事について発表する」という課題を与えると、これまで新聞を読まなかった人も、新聞の記事を読み、それについて何らかの感想をアウトプットする習慣を身につけます。その後、ずっと切り抜きを継続しなくても、新聞に対する認識が変わり、新聞を読んで考えることに前向きになるのです。

こういう状態になると、例えばちょっと時間があったときに目の前に新聞があったら、手に取って読もうとするようになります。それを続けていれば、思考やアウトプットの質も確実に向上していきます。

つまり、最初の1〜2週間をクリアできるかどうかが、習慣化するときの最大のポイントです。

思考中毒の第一歩が踏み出せたかどうかの目安として、早い人は1〜2週間、普通の人は1カ月前後、思考する時間を確保できたというのが、一つの基準になると考えています。

思考手帳への記録は、とりあえず1週間続けてみて、さらに1週間、1カ月、3カ月……と継続していきましょう。

2週間継続できたら、次の1週間はサボってしまってもかまいません。サボってから気を取り直し、再び2週間続けてみる。すると、前の1週間はほとんど考えていなかった自分に気づくはずです。

この「考えている時間」と「考えていない時間」の落差、そして考えている時間の楽しさに気づくことが、思考を習慣化する上での大きなポイントです。

思考習慣がなかなか身につかず、過去に挫折した経験がある人は、あきらめずに、サボったり続けたりを繰り返しながら、手帳への記録にチャレンジしてください。

なお考えるにあたって「必ず正解を出さなければならない」という気負いは不要です。大切なのは、あくまでも思考の工夫を行ったかどうかです。大学受験の数学を解くシチュエーションをイメージすればわかるのですが、同じ「正解がわからない」人でも、「まったくわからずに持ち時間を無為に過ごした人」と「試行錯誤した結果、正答が導き出せなかった人」とでは思考の工夫に圧倒的な差が生じます。

真っ白い解答用紙を戻した場合、点数はゼロですが、後者の場合は、思考の過程を解答用紙に記述しておけば、部分的に加点される可能性があります。

正解やイノベーティブなアイデアなどがすぐに出なかったとしても、思考の工夫をすること、思考の過程を記録しておくことが重要です。

国際的に見て、とかく日本人はクオリティを気にしすぎる傾向があります。

完全な正解、もしくは不正解のオール・オア・ナッシングで判断してしまい、思考の途中経過を開示するのを極端に嫌がります。「間違っていてもいいから、とにかく考えたことを発表してほしい」と言われると、とたんに困ってしまいます。

これは由々しき問題です。思考のクオリティに気を取られすぎると、中途半端には考えられないというプレッシャーを感じ、ますます考えない悪循環に陥る可能性があるからです。

ですから、最初はクオリティにはこだわらず、とにかく考えたことは中途半端でもいいので、記録する習慣をつけてしまうのが先決です。

まずは思考の習慣づけに、意識を集中させるようにしてください。

思考中毒になる環境を整える

「思考すること」「記録すること」にこだわりすぎて、一日中緊張してしまうのは本末転倒です。重要なのは、1日のうち一定時間はクリエイティブな思考をする時間にあてること。そのためには、逆にリラックスして解放的な時間を作っておく必要もあります。

私の場合は、1日の仕事が終わると、お風呂に入ってリラックスしながら今日1日を振り返ります。お風呂に入ると副交感神経が優位になるので、日中とはまた違った発想ができます。得てしてお風呂の中で、面白い企画が浮かんでくることもあるわけです。自宅のお風呂はもちろん、銭湯やサウナに行くと、またリラックス度が一段と高まります。

サウナはさすがに熱すぎて深い思考は困難です。サウナから出てシャワーを浴びて水風呂に入る、を繰り返すと体の状態が変わってスッキリした気分になります。

一般に、このローテーションを2巡、3巡すると、体が〝整う〟といわれています。もちろん、のぼせてひっくり返ったり脳梗塞になったりする方もいるので、くれぐれも水分補給などに注意すべきですが、このサウナの合間のまったりした休憩時間も心身にとって欠かせない時間です。

実は、私はサウナ好きが高じて、自宅を建てるときにサウナを設置するかどうかで悩んだ過去がありました。直前まで本気でサウナを作ろうとしていたのですが、かかりつけ医に「サウナの入りすぎは体によくない」と止められて、断念した経緯があります。

結局のところ毎日サウナ通いをしているので、自宅に作ろうが作るまいが同じだったように思えますが、サウナ施設のほうが充実した設備が整っているので満足しています。

今では、毎日21時ごろから軽く運動をして、お風呂↓サウナというルーティンが定着しています。先日、「交感神経優位から副交感神経優位に変わるのは22時前後である」と記述されている本を読み、まさに私がお風呂に入るタイミングと合致していたので、妙に納得してしまいました。

サウナから上がったあと、帰宅してから午前3時くらいまでは趣味の時間にあてています。もちろん、生きている限り思考は止まらないものの、仕事はまったくせず、難しいことは考えないようにしています。

基本的にパソコン、ボールペンなどの仕事道具にはさわりません。本を読んだり、YouTubeを見たり、テレビで映画やスポーツを見たりして、ひたすら楽しみます。

かつては夜遅くまで根を詰めて、仕事をしていた時期もありました。ただ遅くまで仕事をすると、どうしてもメリハリがなくなり、日中の思考がだらけるように思い、思い切ってやめることにしました。

夜に頭をリラックスさせることで、1日にリズムが生まれ、翌日の午前中からのクリエイティブな仕事に勢いがつくという仕組みです。

アメリカのベストセラー作家であるスティーヴン・キングも、午前中を執筆時間にあて、午後は一切執筆を行わないと自著の中で明かしています。あれほど質と量を兼ね備えた天才的な作品を発表している作家でも、メリハリをつけて思考しているのです。

やはり、一日中フルパワーで思考し続けるのは無理があります。メリハリをつけて思考すべきときに思考することが、クリエイティブなアウトプットにもつながります。

そして、メリハリをつけることが、思考習慣の持続にもつながっているのです。

ところで、思考をさまたげる最たるものは、ストレスです。ストレスには、緊張以外にも気分の落ち込みや執着心、妬み、嫉妬、被害妄想、自己嫌悪などのネガティブな心の動きが含まれます。心がストレスにとらわれると、積載量オーバーの車のように、思考スピードが一気に低下してしまいます。

思考していてネガティブな感情にとらわれてしまったとき、自己否定モードに入ったときには、それ以上考え続けていても進展が見込めません。

この場合は、いったん思考に区切りをつける「儀式」を行うのが有効です。例えば、目の前で両手で「やっかいごと（イメージ）」をつかみ、それを横にはじく。動作と連動させながら、「もう、この件は終わり」と声に出して断定するのです。

こういった儀式には、なかなかあなどれない効果がありますので、ネガティブな感情にとらわれたときには、ぜひとも一度試してみてください。

また、頭が疲れたときは、眠るのが一番。20分眠ると、ほぼ回復する感覚です。とりあえず、5分でも目をつぶっていると、相当休まります。

私は40年前にヨガで習った「死体のポーズ」をやります。死体になるというのは、究極のリラックス法です。

リラックスしつつ、集中力を高める方法としておすすめなのは、息を数える数息観《すそくかん》です。これは禅の瞑想法です。「今ここ」に集中するのに最適なリセット術であり、最良の「悟りへの道」でもあります。呼吸法研究者として、健全なる思考中毒のお伴におすすめです。

第3章 思考のクオリティを上げる

考えて答えが出るかどうかを見極める

ある程度、思考が習慣づけられたら、今度は思考のクオリティを上げることも意識していきましょう。

クオリティを上げるためには、1日のうちに思考する時間をできるだけ増やしていく必要があります。

よくテレビのインタビューなどで、東大医学部に合格した学生さんに「1日何時間くらい勉強しましたか？」と質問するシーンを見る機会があります。

私が会った学生の一人は「夏休み中は1日14〜15時間くらいですね」と回答していました。14〜15時間というと、睡眠時間と食事や入浴時間を除けば、ほとんど一日中勉強していた計算になります。それだけ長時間にわたって勉強を続けられるだけでも、大変な才能です。

インタビューでは、勉強時間を「2〜3時間」と答える人もいますが、少なく答えたほうが格好いいからであり、大半はハッタリです。

私が知る限り、天才と呼ばれているような人は、ほとんど例外なく勉強家です。勉強に長時間を注いだからこそ、東大合格などの結果を勝ち取っていました。

ただし、重要なのは長時間勉強するだけではありません。長時間、質の高い勉強を持続できるかどうかも問われます。

公立図書館などでは、受験をひかえた中高生が机に向かって必死に勉強している姿が目に入ります。熱心な姿に感心するのですが、よくよく見ると、1時間経ってもテキストが同じページで止まっている人がいます。

もしかすると、その人は数学の難問に取り組んでいて、1時間ずっと考えているけれど、答えがわからない状況なのかもしれません。本人にとってはテキストが進まなくても、思考を続けているつもりなのでしょう。

確かに数学者が数学の難問を前にして、何時間も格闘するようなケースはあります。これは間違いなく思考している時間といえるでしょう。

けれども、普通の人が1時間も同じ問題に取り組むのは、思考していないに等しい状態です。最初の数分間は真剣に考えているのですが、解答の糸口がつかめないまま、しだいに集中力が失われ、実際にはボーッとしながら同じところで堂々めぐりをしているパターンがほとんどなのです。

受験に関する著作も多い精神科医の和田秀樹さんは、数学の問題を5分考えてもわからない場合は、それ以上考えても時間のムダだから、先に答えを見て解法を確認したほうが効率的であると主張しています。

和田さんは、数学の解法をたくさん暗記した上で、数学の問題を解いていく「暗記数学」という受験テクニックを発明し、多くの受験生を東大に送り込んだことでも有名です。

「わからないことを考え続けても、時間のムダ」

言われてみれば、確かにその通りです。思考時間を増やしていくには、「考えるべき問題」と「考えても仕方がない問題」を瞬時に判別し、後者については考えないようにしていくことが求められます。

いつまでも答えが出ない、成果につながらないと思ったら、いったん考えるのをやめて別のことを考える、あるいは別の角度から考える。これが思考の質を高めるときのポイントです。

負荷をかけると考えるようになる

ボーッとした状態で情報を見聞きしているから、深い思考ができない。そう考えると、思考のクオリティを上げるには、何らかの負荷をかける必要があります。

私が思うに、全国の中高生の相当数が、授業中にボーッと先生の話を聞き流していま す。部活で激しい練習をして教室では寝ぼけている運動部の生徒もいれば、恋愛の妄想にふけっている生徒もいます。みんな〝白昼夢〟に陥っているかのようです。

これは、ボーッとしている生徒に問題があるのですが、一方でボーッとさせている先生のほうにも問題があります。

聞き手をボーッとさせない工夫として、私が講演会をするときには、最初にこう宣言してから演題に入るようにしています。

「私の話が終わったあと、皆さん2人1組になって、私が話した内容を要約していただきますから、聞き逃さないようにしてくださいね」

すると、聴衆の皆さんの緊張感が高まるのがわかります。内容を要約しなければならないと意識するだけで、思考を働かせながら話を真剣に聞くようになるのです。

大学の授業では、これにもう少し負荷をかけた方法を採用しています。私が30分話し終えたあと、3名の学生を指名して壇上に上がってもらい、1分間ずつ要約をリレーしてもらうのです。

実際に、学生の要約が上手に決まると、教室中が高揚感に包まれ、授業を受けた体験が非常に良い思い出として記憶されます。

何の課題がなくても考え続けられるのは、思考中毒の人たちだけ。とっかかりがなければ、人間はあえて脳に負荷をかけて考えようとはしない生き物です。ですから、私は大学であえて鬼コーチ役に徹して、学生たちにこれでもかというくらい、考えるための課題を与えます。そして、時間を区切って、みんなの前でどんどん発表をさせています。

「課題→思考→発表」のサイクルを何度も何度も経験していくうちに、荒波をくぐり抜けた学生たちは、思考レベルをみるみるアップさせていきます。

やがて考えることが止まらなくなり、何かを見た瞬間に「これをスローガンにできないか」「これをイラスト化できないか」などと主体的に考えて取り組むようになります。
1年間の授業が終わりを迎えるころには、「これで考えたり発表したりする機会が少なくなるのが寂しいです」「最初は嫌で仕方がなく、何度もこの授業を休もうと思っていたけれど、途中からクセになり楽しくなりました」などと言い出す学生が出るようになります。

社会人でも、職場で発言を求められる機会がない、新しいアイデアを考えなくても何となく仕事が進んでいくような場合、まったく考えずに漫然と日を送ってしまうことが多いかもしれません。

そういう人も、やはり追い込まれた状況の中で思考する機会を、意図的に作ることが重要です。みんなの前でプレゼンをする、スピーチをする、アイデアを発表するといった機会を積極的に作ってどんどん取り組む。すると、しだいに慣れてきて、考えたことをきちんと言葉にできるようになるのです。

自分の中に「もう一人の自分」を持つ

負荷をかけて思考するという点においては、それを職業としているプロの人たちがいます。例えば、将棋や囲碁の棋士などがそうです。

「現代の思考する偉人」といえば、将棋棋士の羽生善治《はぶよしはる》九段は欠かせない人物の一人でしょう。羽生さんは七冠制覇、タイトル99期、永世七冠など、前人未踏の業績を成し遂げている、いわずとしれた将棋界のトップスターです。

囲碁や将棋などの世界には、思考中毒の天才たちがひしめいています。なぜなら棋士というのは、親のコネや人気投票、他人の推薦などでは絶対につけない職業だからです。彼らは、勝てば上位グループに上がり、負ければ下位グループに落ちるというシステムの中で、常に真剣勝負で戦い続けています。

かつてタイトルを獲得した名人でも、負け続ければ引退を余儀なくされます。そんな厳しい世界で勝ち続けて圧倒的な成績を収めている羽生さんは、まさに天才中の天才といえます。

羽生さんの著書の中で、小学校時代に詰め将棋の本とにらめっこしながら、問題を解き続けていたというエピソードを読んだ記憶があります。

それも簡単な詰め将棋ではなく、江戸時代の将棋の名人が作った、一問解くのに1〜2時間どころか何日もかかるような難問だったといいます。羽生さんは本に載っている詰め将棋の問題を粘り強く解き続け、何年もかかって制覇したそうです。

江戸時代の天才が出した問題を、現代の天才小学生が解く。想像するだけで、素晴らしい光景です。過去に生きた天才の頭脳をトレースしながら、その人の頭脳につながり、少しでも近づいていくさまを思い浮かべると、それだけで感動してしまう自分がいます。

羽生さんは、このときの経験が思考の粘りや持続力のようなものを身につける上で、非常に役立ったと語っていました。

このように難問に取り組んでクリアする経験は、確実に思考のレベルを上げる道だと断言できます。

難問に取り組むときには、少しずつでも前進し続けることが肝心であり、途中で思考をストップしてはいけません。「今、何を考えている？」と聞かれたときに、1時間前と同じ内容を考え続けている場合、思考は中断しています。これはただの「考えているふう」です。

考え続けているかどうかをチェックするには、自分の中に思考をチェックする、もう一人の自分を持っておく必要があります。

「今、ちゃんと考えてる？」

「この1分間、考えが進んでいないじゃないの」

などと自分で指摘しつつ、思考していくわけです。

もう一人の自分を作るにあたっては、チェックするポイントを明確にしておくのが第一ステップとなります。詰め将棋の例であれば、「思いつく限りの可能性の中から選択肢を絞っていく作業が、ちゃんとできているかどうか」がチェックポイントとなります。

不正解の手をつぶしていけば、最終的に正解へとたどり着きます。つまり、不正解の手をつぶしている時間＝思考している時間です。

不正解をつぶしていく作業は、エジソン方式の思考法ともいえます。エジソンは、白熱電球に必要な部品であるフィラメントを作るとき、何百回、何千回と最適な素材を見つける実験を繰り返した結果、日本の竹に出会い、白熱電球実用化への道を開きました。

実際には、プロ棋士はあらゆる可能性を消去法で消しているわけではなく、大きく「こういう感じかな」という大局観をもとに、細かい裏づけを行っていくそうです。いずれにしても、細かい検証を繰り返す経験を通じて、思考力を養っているのです。

常に臨戦態勢でいる

思考する機会を作り、負荷をかけると同時に、当事者意識を持つことも忘れてはなりません。

会議などで、一通り議題が提示されたあと「何かご意見ありますか？」「ご質問があればお願いします」などと促されたとき、シーンとなってしまう場面があります。

私から見ると、なぜシーンとなるのかが意味不明です。

会議などを行う時点で、アイデアや提案、疑問に対する問いなどが求められるのは明白です。そうであるなら、絶対に全員が2つ3つくらいは発言を準備しながら参加するのが筋でしょう。

仕事や勉強で必要となる反射神経は、アスリートのそれと似ています。例えば、テニスで相手が打ってきたボールを打ち返さないのと、会議で発言しないのは同じようなものです。ボールが飛んできたときに、すぐに動いて打ち返す。そんな臨戦態勢をとっておかなければなりません。

臨戦態勢になれない一つの理由として、責任の分散が挙げられます。会議で10人の参加者がいると、なんとなく責任感が10分の1に薄められ、10分の1の当事者意識で参加してしまいがちです。

言ってみれば、カルピスの原液を50倍の水で薄めて飲んでいるような感じ。味わいがなくなるのも当然です。ですので、会議などの場には常に1対1の意識で臨むべきです。常に自分に発言が求められる、自分の発言で物事が進む、という感覚を身につけておくのです。

私は小学生のころから、先生の問いには常に自分が答えるという意識を持って授業を受けていました。先生から「何か質問は?」「どう思った?」などと聞かれて「わかりません」「今考えています」などと回答した経験は一度もありませんでした。

人から問われたときにリアクションできるかどうかは、優秀であるかどうかとは無関係です。臨戦態勢をとっていれば、誰でもリアクションできます。

プロ野球往年のスーパースターであるジャイアンツの長嶋茂雄さんは、サードの守備位置につきながらも、セカンドゴロを処理した経験があると語っていました。サードの選手がショートゴロを捕球していくというのは想像できるのですが、セカンドゴロを捕るとなると想像を超えています。長嶋さんは、内野に飛んできたボールはすべて自分で捕ってやる、という意気込みでプレーに臨んでいたのです。

こういった貪欲さを社会人も見習うべきです。「10人いるから自分は考えなくてもいい」ではなく、「自分の発言を採用させてやる」という意識で取り組む人こそが、思考のクオリティを高めているのです。

すべてを「自分ごと」にする

臨戦態勢は観察力と大きく関係しています。考えている人は、あらゆる物事を漫然とスルーせずによく見ています。例えば、料理教室の受講生は、講師の先生の一挙手一投足に注目し、熱心に観察しています。

それは、あとで自分が同じ料理を作ることが前提になっているからです。漫然と聞いていたら自分が作るときに困りますし、受講料がムダになってしまいます。

しかし、なぜか学校で行われている授業の大半はそうなってはいません。

「じゃあ皆さん、今まで先生が授業で話した内容を、先生と同じように話してみてください」

こう言われれば、みんな真剣に授業に参加すると思うのですが、実際にそんなことを言う先生がいないので、多くの生徒や学生がぼんやりと授業を聞いています。

前述したように、私は大学の授業で、私が解説した内容を学生たちに要約してもらう機会をたびたび設けています。全国の学校でもそうすればいいのに、と思います。

学校の授業に限らず、読書にしろ映画鑑賞にしろ、ほとんどの人はインプットをするときに受け身になっています。

音楽を聴くときにも、単純な好き嫌いでしか捉えていないので、「この曲のこの部分は何個の楽器で演奏されているでしょうか？」などと質問されると、答えに窮《きゅう》します。

でも、プロの指揮者が同じ音楽を聴けば、細かいところまで思考を働かせながら聴き続けることになるでしょう。

自分が同じ曲を指揮するときと比較しながら、演奏の技術を聴き取っていくので、多くの発見が得られます。この発見をもとに、自分自身の演奏のレベルアップを図るのです。

要するに、考えている人は、インプットをする物事を「自分ごと」として認識していますす。「自分ならどうするか」を考えているから、インプットをアウトプットに活用できるというわけです。

物事を「自分ごと」として認識する習慣をつければ、コンビニの陳列棚やランチの定食メニュー、ニュースなどを見る目がガラリと変わってきます。そこで得られた発見をすべて仕事のアウトプットへと応用していけるようになるのです。

常に先の展開を予測する

「自分ごと」として観察する習慣が身につくと、物事を先々まで予測して思考する力も身についてきます。

中学生のとき、私は社会科見学で「エンジンの分解」にチャレンジする機会を得ました。三重県鈴鹿市にあるホンダの工場に泊まりがけで滞在し、自動車のエンジンをクラスメイトと一緒に分解したのです。今考えても、かなり貴重な体験をしたと思います。

私と友人のグループは、とにかく「分解する」行為が楽しくて仕方がなく、競争をするかのように次々と部品を外していきました。最後まで分解し終え、達成感を味わっていたところ、ホンダの技術者の方が思いも寄らない一言を口にしました。

「はい。みんな分解できましたか。それでは、今度は分解した部品を組み立て直してみましょう」

私を含めたグループの面々は、しばし呆然《ぼうぜん》としました。みんな分解するのに夢中で、「組み立てる」という工程をまったく予想していなかったのです。

気を取り直し、記憶に頼ってなんとか組み立てようと試みるのですが、何度やってもうまくいきません。

ふと横を見ると、別のグループが着々とエンジンを組み立てています。彼らは、部品を外す順番を丁寧に記録しておき、ビデオテープを逆再生するかのような手順で、見事に元通りにエンジンを組み立てていたのです。その様子を見て、「なんで自分たちは何も考えずに分解してしまったのだろう」と後悔したのを、今でもよく覚えています。

分解したら、もう一度組み立てる。冷静に考えれば見当がつきそうなものですが、私たちはまったく後先を考えていませんでした。

この失敗体験から学ぶべきは、「予測する」ことは、重要な思考の一つであるということです。

目の前で起きている出来事を「自分ごと」として観察し、先の見通しを予測すれば、具体的な行動ができます。

「雨が降りそうだから、傘を持っていく」

「在庫が切れそうだから、発注をかけておく」

こういった思考の延長線上に「ヒットしそうな商品を企画する」「将来を見越して戦略を決める」といったクリエイティブなアウトプットが成り立ちます。

「予測したAのパターンを選択したら、どうなる？」

「Aのパターンを回避してBを選択したら、どうなる？」

常にこういった想定をもとに行動している人は、きちんと思考している人です。漫然と物事を見聞きしていても、けっして考えていることにはなりません。どんなときも「次はどうなるか・どうするか」を意識して思考すべきなのです。

視線の動きと思考は一致する

観察力を養えば、どんな仕事にも思考力を生かす余地はあります。

前述したように、考え続けているタクシー運転手さんと、考えずに仕事をしている運転手さんは、まったく別次元の運転をしています。

飲食店でも、お客さんが手を挙げて「メニューをください」と言った場合、考えていない店員さんはメニューだけを持っていき、そのまま放置します。

しかし、考えている店員さんは、言われなくてもお水とメニューを一緒に運び、絶妙なタイミングで注文を取りにいきます。

考えている店員さんの脳内を視覚化する装置があったとしたら、大量の思考の動きが、ものすごい速さで表示されるはずです。

「あのテーブルのお客さん、もうすぐ食事が終わりそう。飲み物の準備をしなきゃ」

「こっちのテーブルにお水を持っていく前に、手前のテーブルに伝票を渡す！」

「あ、あのお客さんはいつもわさび抜きだから、念のため厨房に伝えておこう」

現実にこんな装置ができたらできたで労働強化につながりそうですが、できる店員さんの動きを見ていれば、そんなふうに考えていることが想像できます。

私が知っている範囲でも、できる店員さんの中には、アルバイトでもお客さんの名前まで記憶して、名前を呼びながらサービスをしている人がいます。

そういう店員さんがいるお店にはまた行きたくなりますし、その人が辞めてしまうと足が遠のくことにもなります。

電車の車内販売などでも、クリエイティブな思考力を働かせている売り子さんが存在します。

中にはカリスマ的な働きをする人がいて、その人が車内を往復するだけで、あっという間に商品がなくなってしまうのです。最初に積んだ商品だけでは足りなくなるので、途中停車する駅で商品を補充しながら販売しているという話を読んだことがあります。

売っている商品は同じで、乗っているお客さんもほぼ同じ。それでありながら、どうして大きな差がついてしまうのか。

私も新幹線などで移動するときに車内販売を利用する機会がありますが、できる売り子さんは、目配りを徹底しているのがわかります。その人自身の感じがよいだけでなく、視線と思考が結びついています。

電車の車内では、なんとなく大声を出すのがはばかられます。

「あ、コーヒー……」

と、私がささやかな声で呼びかけた瞬間、「ハッ」と気づいて近寄ってきてくださる売り子さんがいます。きっと売上を上げている人は、そういうタイプだと思います。

できる人は、私に渡すコーヒーをカップにつぎ、支払いのやりとりをしながらも、自然と周りに目を向け、目が合う人を見つけます。コーヒーを注文しようかどうか迷っていた人は、売り子さんと目が合うと「あ、こっちにもコーヒー」と手を挙げます。

そうするともう、注文しやすい雰囲気ができあがります。みんなつられて、その付近の座席にコーヒーの花が咲くのです。

教師の仕事ぶりを見ていても、頭を使っているかどうかは、視線の動きを見ればだいたいわかります。できる先生は、授業中に生徒全員と何十回と目を合わせています。目を合わせながら、彼らの集中力を保つだけでなく、どれだけの生徒がどの程度授業を理解しているのかを読み取っています。読み取りながら、教え方やペース配分を臨機応変に変えつつ、生徒の理解を促しているのです。

漠然と物事を見ている人と、「見ること」と「思考」が結びついている人とでは、仕事の仕方が全然違うということです。

「喫茶店」は最強の思考空間

ここで思考する「環境」に目を向けてみましょう。

思考する行為と思考する場所は、大きく関係しています。私の場合、図書館に行くと、思考がパッタリとストップしてしまう感覚があります。あの空間には何か催眠ガスのようなものが拡散されているのではないかと思うくらい、非常に眠くなってしまうのです。

東大の総合図書館はそれを強く感じる場所であり、学生時代はいつも座った瞬間から気絶するように眠りにつくのが常でした。これではまるで勉強にならないので、図書館に行くのは断念し、大学の向かいにある喫茶店で勉強することにしました。すると、自分でも驚くほど勉強がはかどるという事実に気づき、以降は、何かにつけて喫茶店でものを考えたり、論文を書いたりするようになりました。

その習慣は今でも継続していて、とうとう『15分あれば喫茶店に入りなさい。』（幻冬舎）という本まで執筆してしまいました。命令形のタイトルから、喫茶店に対する全幅の信頼がにじみ出ている本です。

今、セルフサービス式のコーヒーショップに入れば、1杯200円程度でブレンドコーヒーを注文できます。その金額で、スキマ時間を有効活用して思考できるのですから、これほどコストパフォーマンスの高い投資はそうそうありません。

場所を変えることで、思考に集中できる効果も期待できます。カフェの滞在時間はせいぜい30分～1時間程度でしょうから、限られた時間にメリハリをつけて考えるには最適の空間といえます。

店を出たら、その課題についてはいったん思考を終了し、別の仕事や打ち合わせに入ります。そうやって空いた時間に思考するので、1日に3軒くらいハシゴをすることも珍しくありません。

私の場合、カフェに入った瞬間に、思考のスイッチがオンになります。カフェの最大の魅力は適度に雑音があること。周囲に人がいて、物音がしていて、なおかつ誰もが自分に無関心という環境だからこそ集中力が高まります。

具体的には、スマホのメモに思考したことを思いつくままに書きつけ、まとまった文章へと整理します。あるいは、A4の用紙をテーブルに置いて、手書きで発想を書き出すときもあります。

あるときカフェで「どうしたら質問がうまくなるか」「うまい質問とはどのようなものか」について思考していました。コミュニケーションにおいて質問をする技術は不可欠です。質問の技術を高めるような本が書けないかと考えていたのです。

すると、ふとした瞬間に「質問力」という言葉をひらめきました。今でこそ「○○力」という言葉は当たり前に使われていますが、そのころはまだ耳慣れないワードであり、インパクトがありました。

そのまま『質問力』（筑摩書房）というタイトルで本を刊行したところベストセラーとなり、その後「○○力」のシリーズが続々と誕生しました。このようにカフェという空間は、普段より何倍もの集中力で思考を深められるベストな空間なのです。

スタバに学ぶクリエイティブな環境づくり

カフェの話が出てきたので、思考する場所の「名称」にこだわりを持っているスターバックス コーヒーという企業のエピソードをご紹介したいと思います。

就活生に向けて人気企業各社の「面接室」を紹介する『面接室へGO！』（NHK）という番組があります。この番組で「スターバックス コーヒー ジャパン」の面接室を紹介する回が放送されたことがありました。待合スペースには店舗にあった家具が使われていて、面接室もいかにもスタバらしいスタイリッシュな雰囲気です。

そこで私が着目したのは、それぞれの部屋につけられている呼び名です。普通、会社の会議室の名前などは「第一、第二……」「A、B、C……」などと名づけられるのが一般的だと思います。

しかし、スターバックスでは頭を使って、面接室のネーミングをしています。答えを聞くと、「さすがはスタバ」と思わず納得してしまいます。

せっかくなので、ちょっと考えてみてください。仮に読者の皆さんがスターバックスの社員だったとして、面接室にどのような名前をつけるでしょうか。

一人で考えてもいいですが、職場の仲間や友人と2、3人で考えると、さまざまな角度から楽しくアイデアを出し合えると思います。

「1号室、2号室って呼ぶのもなんかおしゃれじゃないよね」

「もっと〝らしさ〟を出すにはどうしたらいいだろう」

「ブルーとかレッドというのも必然性がないし……」

おそらくスターバックスの社内でも、そうやってあれこれ考える会議が行われたはずです。

そうやってつけられた面接室の名称は「タンザニア」「ルワンダ」などの地名でした。

つまり、すべてコーヒーの原産地名になっているのです。

他業種の会社が「タンザニア」「ルワンダ」という部屋で面接をしていたら違和感し

かありませんが、コーヒーを扱う会社がコーヒーの原産地名の面接室で面接をするのは、もっともだと思わせる説得力があります。なかなか気が利いている会社だと感心してしまいました。

たかが面接室の名前かもしれませんが、コーヒーの原産地名がつけられたことによって、何となく部屋の雰囲気が変わる気がします。「タンザニアで打ち合わせをする」となると、タンザニアが頭の片隅で意識されるようになり、コーヒーを扱う上で、思考のあり方がクリアになるのです。

思考を持続させる秘密兵器とは

今度は、「身体」という〝環境〟から思考の持続について考えてみましょう。

そもそも人間の体は寝不足や働きすぎで、すぐに疲れてしまいます。体の疲れは睡眠などで十分に回復させる必要があります。

しかし、訓練された頭は、多少高度な思考をしても、体と違って疲れにくいという特徴があります。しかも、チョコレートなどの糖分を与えれば、回復も早まります。

私は学生時代からチョコレートを持ち歩くのを習慣にしています。チョコレートを持たずに外に出ることは、ほとんどありません。

周りの人に聞くと、「チョコレートは好きだけど、そこまではしない」と言う人がほとんどです。では、私が特別チョコレート好きなのかというと、そうとも言い切れないところがあります。というのも、普段自宅でテレビを見ているようなときには、あえてチョコレートを口に運ぶことはありません。四六時中チョコレートを欲しているわけではないのです。

よくよくチョコレートを食べる機会を振り返ってみると、仕事がハードなとき、集中して思考しているときという事実に気づきました。要するに、チョコレートは脳に与えるガソリンのようなもの。チョコレートの力を借りて、思考のクオリティを高めていたことがわかったのです。

漫画の神様と称される手塚治虫さんの伝記漫画を読んでいたら、手塚さんがケーキなどの糖分を大量に摂取しているシーンがありました。

今、『三つ目がとおる』『ブラック・ジャック』などの手塚作品を読んでも、作品の面白さや完成度に圧倒されるのですが、それが週刊漫画誌で毎週連載され、しかも他の作品と並行して発表されていたことを思うと、ただただ驚嘆するほかありません。

漫画の連載を続けるには、毎週新しいアイデアを出し続ける必要があります。それが3誌となれば、単純に3倍のアイデアが求められます。

手塚さんがハイペースで名作を発表できたのは、相当なレベルで思考力を持続させていたからこそです。おそらく戦後の日本人の中でも一、二を争う高度なレベルで長時間頭を働かせていたクリエイターは、手塚治虫ではないかと思うくらいです。

手塚さんは、日々の仕事の中で思考力を鍛え、疲れにくい頭を維持していたのでしょう。その上、脳の疲労をケーキで素早く回復させ、あの尋常ではない仕事量をこなしていたと考えられます。ご飯だと糖に変わるまでに時間を要するので、てっとり早く甘い物を欲していたのだと推測できます。

これまであまり思考習慣のなかった人は、ちょっと考えようとすると、すぐに疲れてしまうかもしれません。そんなときはチョコレートなど甘い物を一口食べると、疲れがスーッと軽減するかもしれませんよ。もちろん、健康のため、食べすぎにはご注意を。

没頭のゾーンに入る

メリハリをつけて思考するためには、仕事をする時間を、クリエイティブな時間と単純作業の時間に分けて、単純作業を効率化するだけでなく、できるだけ脳を疲労させずにクリアな状態の時間にすることも重要です。

例えば、封筒貼りの作業をするときには、それを写経や座禅、瞑想《めいそう》のようなイメージで行います。最小限の思考エネルギーを使って作業を完璧に終える。これは「没頭のゾーン（集中状態）に入る」とも言い換えられます。

私にとって没頭のゾーンに入る作業に、書籍や雑誌の校正があります。書籍を制作する過程で、校正刷りを読んで誤字脱字をチェックする工程があり、ここで間違いを見逃すと、そのまま印刷されてしまうことになります。

恥ずかしながら過去の失敗談をお話しすると、見本として届けられた書籍を何の気なしにパラパラと見ていたときに、誤字脱字を見つけてしまった経験があります（重版時にすかさず修正していただきました）。

何度も同じところをチェックしていたはずなのに、改めてリラックスした状況で見直すと、違う結果がもたらされる。つまり、脳はセッティングの仕方によって、機能が大きく変わるということです。

校正作業をするとき、間違いが「ないだろう」「校閲のプロが見つけてくれるだろう」という意識で取り組むと、間違いを発見するのは難しくなります。「絶対あるはず」「自分が見つけないと他の誰も見つけてくれない」という前提で読むことで、はじめて感覚が研ぎ澄まされるのです。

ただし、脳にガチガチのプレッシャーをかけるのは間違っています。非常にリラックスした状態で、「間違いを発見する」という作業に一点特化した脳のセッティングを行うと、誤字脱字が浮き上がって見えるようになります。

「経験値となっているけど、この場合は経験知が正しいです！」

文章のほうから、そうやって声を出して訴えかけてくるように感じられるのです。

これは文章を書くときのようなクリエイティブな作業をしているときとは、まったく異なる脳の使い方です。「攻めのクリエイティビティ」に対する「守り」のモードであり、たとえるなら低速ギアで走行するようなイメージでしょうか。

考えてみれば、座禅などは単純で退屈そのものに見える行為ですが、頭はクリアに働いています。座禅をする人は、自分を冷静に見つめることによって自分を鍛えています。主観を交えずに、対象をありのままに見つめることを「観照《かんしょう》」と言います。要するに、もう一人の自分を作ることで、イライラしたり悩んだりしている自分と距離を取るわけです。

単純作業をしている自分を冷静に見つめる訓練は、普段の生活の中でも行うことは可能です。自分を冷静に見つめる習慣を持てば、単純作業が苦にならないだけでなく、1日の中で、メリハリをつけて守りと攻めの思考ができるようになるのです。

第4章
「読む・書く・話す」で考え続ける

思考力は「話し方」に表れる

人間の思考レベルは、まずその人の「話し方」に表れます。会社などで「考えていますが、答えを言葉にすることができません」と言っても通用しません。内容のある話ができない人は、思考できていないのと同じとみなされます。

自分の考えを言葉で表現できない人は、残念ながらこれからの世界では通用しにくいといえます。仕事では、英語ができる、中国語ができるという以前に、意味のある内容を言葉にできる力がますます求められます。

言葉で説明できる人は、何かを人に教えることも上手です。

「だいたい、こんな感じでガーッとやってください」「やっていくうちに慣れるから大丈夫です」といった曖昧な言葉でごまかさず、マニュアルのように順を追って段取りを伝えることができます。「マニュアル人間」というと思考できない人間を意味しますが、相当な思考力がなければ、マニュアルを作ることはできません。

これから国際化が進み、職場に国籍や出身地など多様な背景を持つ人が増えるようになったときには、この種の説明スキルが威力を発揮します。

しっかりと思考している人は、何を質問してもしっかりした答えを返すことができます。その点で、アスリートのインタビューの受け答えなどを見ていると、一流のアスリートの思考力の高さを実感することが多々あります。

例えば、サッカー界では、現在レアル・マドリード所属の久保建英《たけふさ》選手のインタビューなどがそうです。久保選手は、スペイン語、日本語どちらで話しても、質問に対して意味の通った受け答えをしています。

サッカーの試合を観戦していると、失点シーンの多くは、テクニック不足というより、判断ミスから生まれていることに気づきます。サッカーの試合において文句のつけようのない劇的なシュートが決まるケースは例外であり、ほとんどの得点は相手チームの守備の判断ミスによってもたらされています。

技術や体力が拮抗《きっこう》しているプロレベルになると、思考力の差が勝敗を左右するといってても過言ではありません。緊張や疲れなどにより、ほんの一瞬の隙《すき》が命取りとなるわけです。思考力の高さがプレーでの状況判断に影響することが容易に想像できます。

思考のスピードと話すスピードは一致する

何かコメントを求められたときに、「えーと」「あのー」などを連発する人は、考えていない可能性が大です。

卓球の張本智和《はりもとともかず》選手も、試合後のインタビューを聞いていると「えーと」「あのー」などのムダな言葉を発さず、よどみなく話を続けています。卓球という競技にも、思考力を感じさせる選手が多いように思います。これは、瞬時に思考・判断・表現しなければならない競技の性格と深く関係しているのでしょう。

卓球はしばしば「100メートルをダッシュしながら、チェスをするようなスポーツ」と評されます。打球の方向や回転、スピードなどに応じて、二手先三手先まで読んだ上で、超高速でラリーを続けるからです。

卓球選手は、普段から練習や試合を通じて、こうした思考訓練を積み重ねているので、意味のある内容を端的に話す力も自然に養われていると考えられます。

必要な言葉を速いスピードで話す人は、頭の回転も速いといえます。

脳内が高速回転している人は、思考スピードが話すスピードを上回ります。ですから、自分の考えを口に出すとき、必然的に早口になります。

私は会議などで司会をするとき、出席者が発言するのを聞きながら「それを3倍速でお願いできませんか」と言いたくなることがよくあります。同じ内容を3倍速で発言すれば、みんなの時間節約につながるからです。

大学で授業をするときには「私の話すスピードが速すぎるというクレームは受けつけません」とあらかじめ釘を刺すことにしています。最初は、学生たちは私の早口に戸惑うのですが、しばらくすれば、普通に授業についていけるようになります。しかも、思考訓練を積み重ねていくと、学生一人ひとりが話すスピードも断然アップします。

ボーッと考えている人が思考時間をいくら延ばしても、得られる効果は限定的です。考える時間を増やして思考中毒になるには、思考の速度を上げる必要があります。

まずはスピード訓練を積んだ上で、徐々に思考の時間を延ばしていく順番が理想です。私の経験からいうと、「思考のスピード＝話すスピード」は訓練しだいで上げられるのが明らかです。

短い時間で意味のあることをテキパキ話す練習は、効果的です。単位時間あたりの意味の含有率に自覚的になります。

まずは考えたことを15秒で話す

思考の習慣がない人には、まずは考えて「15秒コメント」をするところから始めることをおすすめします。

よく学校の授業で、先生が「では、これから10分考えてみましょう」などと生徒にシンキングタイムを与えるケースがあります。しかし、このシンキングタイムのほとんどはムダです。というのも、答えがわかる生徒は最初の1〜2分で、おおよその答えを出してしまいます。そして、わからない生徒は最初の1〜2分であきらめて、そのまま考えることをやめてしまいます。

どっちにしても、残りの8分くらいは、ただただ時間が過ぎるのを待っているのです。

これは先生の時間設定が間違っています。

多くの人は、長く思考し続ける持久力を持っていません。これは「考えること」を「走ること」にたとえてイメージするとわかりやすいと思います。普段から鍛えているマラソンランナーは、42・195キロをわずか2時間強のスピードで走破します。同じように、思考が身についている人は2時間程度考え続けるのが苦になりません。

でも、運動不足の人は、いきなり「42・195キロのフルマラソンを走れ」と言われてもムリです。最初は100メートルくらいから軽いジョギングをして、少しずつ距離を延ばしスピードを上げていくのが現実的な方法です。

思考についても、いきなり長時間考え続けるのは困難です。まずは「15秒話せる分だけ考える」と設定することで、はじめて真剣に考えられるようになります。

私は教育方法の研究者として、生徒たちの思考時間を延ばすにはどうすればよいかを研究し続けてきました。その結果、呼吸と思考が深く関係していることがわかってきました。

簡単にいうと、息を吸った瞬間に思考が途切れるので、思考を続けるには吐く息を主とした呼吸を持続させる必要があるということです。

私自身は呼吸の訓練をしているので、1分間に一度か二度息を吸うだけで話し続けられるのですが——見ていて苦しくなるので、お願いですから息を吸ってくださいと学生から言われるほどです——普通の人が考えた言葉を話しながら息を吐き続けるとなると、15秒が限界でしょう。

ですから、まずは「考えたことを15秒でコメントする」訓練に取り組んでみてください。

ヤフーコメント欄に学ぶ「コメント力」

気の利いたコメントができると、いかにも「考えている人」という感じがします。

その点、インターネットの記事についているコメント欄は、思考力を磨く上で、参考となる言葉がたくさん見つかる場です。

私はYahoo！ニュースなどのトピックを読むとき、コメント欄も一通りチェックする習慣があります。多いときには、500、600といったコメントを見まくる日もあります。すると、鋭い意見や的確なコメントをしている人が多く、毎回のように感心しています。

2019年12月、ボクシング世界ヘビー級タイトルマッチでアンディ・ルイス・ジュニア選手と、アンソニー・ジョシュア選手が激突しました。試合はジョシュア選手が大差の判定勝ちを収めたのですが、ジョシュア選手が一方的に逃げ回る展開で、凡戦そのものの試合内容でした。

私と同じようなモヤモヤした気持ちを、多くのボクシングファンが抱いたのでしょう。試合結果を伝えるニュースのコメント欄には、試合を厳しく評価するコメントがみるみるあふれました。

中でも目にとまったのが「ワイルダー様の制裁が下りますように」というコメントです。

ボクシングに興味のない人にしてみたら、何のことやらさっぱりでしょうが、ワイルダーというのはやはりヘビー級ボクサーであり、WBCという団体の王者（当時）であるデオンテイ・ワイルダー選手を指しています。

ジョシュア選手は3団体の王座をつかんだことになり、残るベルトを持っているワイルダー選手との対戦が期待されていました。ただ、先ほどの試合内容から見ると、ジョシュア選手はワイルダー選手に一蹴されるのが関の山ではないだろうか。コメント欄のコメントには、「こんなつまらない試合をしているジョシュアを圧倒してほしい」という願望があふれていたわけです。

私はコメントを見た瞬間に、ボクシングファンの多くが持っているモヤモヤした気持ちを1行で表現しつつ、なおかつスッキリさせてくれるワードセンスに驚嘆、爆笑し、思わず「座布団1枚！」と叫びたい気持ちでいっぱいになりました。

私は、いつもニュースのコメント欄に、日本の人たちのコメント力の素晴らしさを感じています。優れたコメントを見ると、思考力がいかんなく発揮されているように感じ、うれしくなります。頭を使ってこんな秀逸なコメントをしている人が、市井の人の中にたくさんいるというだけで、まだまだ日本も捨てたモノではないと思えるくらいです。

優れたコメントを読んで、その思考回路に学ぶ。これは、かなりおすすめの方法といえます。雑談の中で、クリエイティブなコメントを返す力にも通じます。

クリエイティブ・パートナーを見つける

一人が口にした意見に、もう一人が別の意見を重ねる。そうやって思考を発展させていくのも刺激的な行為です。言ってみれば、コンピュータ同士をつなげてスーパーコンピュータになるようなイメージです。

歴史的にも、対話は思考の基本作法とされてきました。古代ギリシャの哲学者であるソクラテスは、弟子のプラトンなどと対話をしながら思想を形成していました。プラトンは著作のほとんどを対話編という形式で残しました。哲学は、もともと対話から形成されてきたわけです。

ソクラテスやプラトンが用い、ヘーゲルがキーワードにした「弁証法」という思考法も、もともとは対話法から成立したものです。弁証法というと何か難しそうですが、簡単にまとめると「ある主張と、それに矛盾する主張を合わせて、その矛盾を乗り越えた、一つ次元の高い結論を導き出すこと」をいいます。

つまり、スパーリングパートナーのような存在の人と高速で自分の考えをぶつけ合うと、一緒に思考レベルを上げることが可能になります。「考えが止まらない」という感覚が実感できるようにもなるのです。

私自身、中学生のころからそんな存在の友人を持ち、1日最低2～3時間は対話をする習慣を持ってきました。その友人とは同じ大学、大学院へと進学し、同じ街に住んで2人で読書会を行う生活を続けてきました。読書会では、自分が読んだ本や映画について話し、それを聞いたほうが疑問や意見を提示し、それに対して新たな見解を述べていきます。

昨日はマルクス、今日はニーチェ、明日はヘーゲル……といった具合に、話題は毎日変わります。そうやって毎日特殊な思考訓練を積んでいたので、2人で対話をすると、新しいアイデアに必ず行き着きます。あとは、それを文章にまとめれば、一本のレポートが完成する、という具合に意味のある思考ができるようになりました。

読者の皆さんも、職場などで思考力のあるパートナーを見つけ、ランチタイムに対話の高速キャッチボールをしてみてはいかがでしょうか。

気の置けない友人と、中身のないおしゃべりを楽しむのももちろんよいのですが、おしゃべり仲間とは別の、思考のスパーリングパートナーを持つのがおすすめです。

パートナーと、思考のスパーリングを毎日繰り返していると、考える内容がどんどんクリエイティブになっていきます。クリエイティブに考えられる相手を見つけることは、思考力をつける最良の手段なのです。

もう一人の自分と議論する

対話法による思考力アップの応用編として、「自己内対話」を身につけるのも一つの方法です。

自分の中にいる一人が何かの意見を主張し、それに対してもう一人の自分が別の意見を主張する。そうやって脳内で議論をしながら、思考を深めていくのです。

私は夜寝ているとき、誰かと議論をしている夢をしばしば見ます。私が意見を言うと、超強力な論敵が現れ、執拗《しつよう》に私の主張の弱点を突いてくるのです。朝目覚めたときには疲れてぐったりしてしまうくらいです。

そのエピソードを学生に話したところ、こんな感想が返ってきました。

「それは当然ですよ。だって夢に出てくる論敵というのは、齋藤先生自身なわけですよね。先生が全力で自分自身と議論しているのだから、疲れるに決まっているじゃないですか」

なるほど。言われてみれば、確かにそうです。

自己内対話をして、自分で自分の意見の矛盾や論理的に甘いところを突き、それに反論を繰り返していると、もう誰に何を聞かれても想定内という感じになります。

職場の会議で意見を主張して、上司から反論をされても万全です。「それについては自分でもすでに検討しており、こうすればクリアできると思います」などとクールに回答できるようになります。

実は、私たちは自己内対話の痕跡をいろいろな場面で目にしています。小説を読んでいると男女の会話文などが出てきますが、これももとを正せば、小説家が脳内で別人格になりながら紡ぎ出した架空の会話、つまり自己内対話です。

これを応用して、「お店の店員」「お客さん」という設定で会話文を作ってみると、立派なクレームの想定問答集が完成します。

想定問答集を面白おかしく書いたのが、落語や漫才の台本です。一人のボケた発言に、もう一人がツッコミを入れる。この掛け合いの中から笑いが生まれます。

鋭いツッコミがあるからこそ、ボケの面白さが際立ちます。私が出演している『全力！脱力タイムズ』というテレビ番組では、毎回、芸人さんたちの秀逸なツッコミが繰り広げられます。中でもアンタッチャブルの柴田英嗣《ひでつぐ》さんなど、すさまじい速度のツッコミを繰り出す人には驚嘆させられます。

普通の人ならスルーしてしまうようなことでも、柴田さんは全部拾って、いちいち的確な言葉でツッコむのです。しかも相方の山崎さんが口にする、台本にはない奇想天外なアドリブにも瞬時にツッコむのですから見事なものです。

芸人さんがツッコむ様子を見ていると反射的にリアクションしているように見えますが、実は脳内では超高速で思考をめぐらせています。瞬間的に3つぐらいの言葉を思いつき、その中のベストを選択してから口にしていくのです。

この言葉の発想と選択を一つでも間違うと、笑いが起きません。売れている芸人さんの思考力がいかに優れているかがわかるというものです。

別にお笑いを目指さなくても、自分の考えたことに自分でツッコんでみる自己内対話には意味があります。矛盾や間違いを拾って自分で指摘していくだけで、自分一人で思考を持続させることができるのです。

文学もツッコみながら読むと、アクティブになります。『ツッコミ世界文学』という本を出したいほど私は好きです。

佐藤可士和さんに学ぶ、思考につながる「聞く力」

「話すこと」と比較して「聞くこと」は受動的な行為のように思われますが、実は能動的に聞く行為は思考力を高めるために有効な手段となります。

私が知る思考中毒者の一人に、ユニクロやセブン-イレブン、楽天といった有名企業のロゴデザインを手がけたことで知られる、クリエイティブディレクターの佐藤可士和《かしわ》さんがいます。

可士和さんとは、『佐藤可士和の新しいルールづくり』（筑摩書房）という本で対談させていただいた経験があります。対談中、可士和さんは、何かトラブルや困難に直面するとスリルを感じ、そこからアイデアを生み出していくところに仕事の面白さがあると語っていました。一時期スケートボードにハマって、博報堂の社内でも乗り回していたそうなのですが、不安定な状態の中でバランスを取る行為に、クリエイティビティを発揮する快感を覚えていたようなのです。

いろいろとお話を聞く中で、可士和さんは顧客の話を徹底的に聞くスタイルを重視しているというエピソードが印象に残りました。

誰だってお客さんやクライアントの話を聞きながら仕事を進めているとは思いますが、可士和さんの場合は「ものすごくしっかり聞くようにする」というのです。しっかり聞くようになったのは、ある失敗経験がもとになっているそうです。ある程度話を聞いたところで仕事を進め、いざクライアントのところに持っていったら、先方が意図していたものとまったくズレていたことが判明。仕事が台無しになってしまったそうなのです。

なぜ、きちんと先方のリクエストを確認しなかったのかと悔やんだ苦い経験から、話をきちんと聞いた上で思考するようになったとのお話でした。

もっとも、クライアントの話を聞けば、それだけで作るべきものが明確になるわけではありません。得た情報をもとに、具体的な形へと落とし込んでいく。そこが最大の腕の見せ所です。

可士和さんのように聞き上手な人は、相手の話から要望をくみ取るだけでなく、インスパイアされてクリエイティブな仕事へとつなげています。

相手の話と自分の思考を上手に融合させて、湧き出すさまざまなアイデアの中から、「もうこれしかない」というところまで落とし込んでいくのです。

読解力がないのは思考不足のせい

思考力を鍛える一つの方法として、話すこととともに読解力や理解力を鍛えることが挙げられます。情報を読み解く行為そのものが思考する行為であり、「読解力や理解力に優れた人＝思考力がある人」と判断できるからです。

ＯＥＣＤが行っている国際学習到達度調査（ＰＩＳＡ：Programme for International Student Assessment、２０１８）で、日本の「読解力」の順位が前回（２０１５年）の８位から15位に後退したことが話題となりました。

数学にしろ社会科にしろ、あらゆる教科を習得するときの基礎は読解力にあります。文章を読解できないのは、思考力がほとんど働いていない状態と考えられます。

とはいえ、子どもの能力不足を嘆いてばかりもいられません。大人の中にも読解力や理解力が怪しい人は、結構な確率で存在すると感じます。

例えば、演説だと上手に人の気持ちを惹きつけることができるのに、議会ではとんちんかんな答弁をしてしまう政治家を見かけます。質問をされた内容と、答弁がまるでかみ合っておらず、質問をきちんと理解しているように見えないのです。もしかすると、意図的に回答をはぐらかそうとしているのかもしれませんが、客観的には「読解力も理解力も足りない人」としか受け取れません。

質問をされたときに、わからないことを正直に「わからない」と言うのは、ある程度仕方のないことです。ただ、質問に対して見当外れな回答を繰り返していると、国際的には致命的なまでに能力が欠けている人、と判断されてしまいます。

グローバル社会では、英語やフランス語などの外国語ができることは重要ですが、それ以上に相手の発言の意図を芯で捉え、芯で打ち返す力が求められます。

言語は、通訳してもらえば意思を通わせることが可能ですが、理解力がないと、そもそもコミュニケーションが成立しなくなるからです。

私は以前、北欧の国で学会発表をした経験があるのですが、そのとき会場にいた人から次々に質問を受けることになりました。

「日本の能の呼吸法とスペインのフラメンコの呼吸法の違いをどうお考えですか？」

そんな具体的で面白い質問を、スペイン人から投げかけられたりします。質問を聞くだけで、彼らが私の話を正しく理解し、その上で知りたい内容を正しく整理していることがわかります。

ここで私がかみ合わない回答をすると、「この人に何を聞いてもムダ」「この人は思考力に乏しい人」と判断されてしまう。逆にいえば、ここでかみ合った答えを返せば、みんなを納得させることができるわけです。

ちなみに、そのときは、「息の保ち方において、能は上体の下部、フラメンコは上部という違いがあるのでは」と答え、納得してもらえました。

聞いたことを正しく理解して答える力を、普段のおしゃべりだけで鍛えようとするのは困難です。普段のおしゃべりは共感さえあれば、論理的にアバウトでも成立します。しかし、ビジネスやアカデミックな場では論理的な受け答えが求められます。ですから、相手の話や文章を読み解く力を磨く訓練が重要なのです。

思考中毒は活字中毒から始まる

特定の出来事や状況について、その本質を理解して見極める力があれば、それに対する具体的な対応策を考えることが可能となります。

「クレームをつけている人は本当は何を主張したいのか」

「ユーザーは本当は何を欲しがっているのか」

これらの本質を見極めて考える能力が、最適な仕事へと直結します。

例えば「プリクラ」という商品は、表面的には「写真＋シール」ですが、本質を見極めれば「友だちと過ごす限られた一瞬をシールにして残しておきたい、そして交換したい」という思いが見出せます。この本質を具現化したからこそ、多くの中高生たちの共感を呼んだというわけです。

実は、こうした本質をつかむ訓練をする上で、文学作品を読むのは非常に有効な手段といえます。優れた文学作品には、文章の裏側に感情の本質が隠されています。その本質を読み取るところに、読書本来の醍醐味があります。

一つの例を挙げます。太宰治に『眉山《びざん》』という短編小説があります。舞台は太宰と思われる主人公が、小説家仲間とひいきにしている飲み屋。そこには、ことあるごとに文学者の会話に入ってこようとする「トシちゃん」という女中さんがいて、彼女は「眉山」というあだ名で呼ばれています。

飲み仲間の面々は、彼女の陰口をさんざん叩きながらも、気がつけば同じ店にやってきます。はじめは主人公の案内で店にやってきた人も、そのうち一人で店に来る常連と化していきます。

その後、主人公はお酒の飲みすぎで体調をこわして十日ほど寝込んだのち、例の店に行こうとしたときに、トシちゃんが腎臓結核で実家に帰ってしまった事実を知らされます。どうやら余命いくばくもないという感じです。

飲み仲間は、この段になってしみじみと彼女の思い出を回想します。

「いまどき、あんないい気性の子は、めったにありませんですよ。私たちのためにも、一生懸命つとめてくれましたからね。私たちが二階に泊って、午前二時でも三時でも眼がさめるとすぐ、下へ行って、トシちゃん、お酒、と言えば、その一ことで、ハイッと返事して、寒いのに、ちっともたいぎがらずにすぐ起きてお酒を持って来てくれましたね、あんな子は、めったにありません。」

彼らは、その日を境に河岸《かし》を変えることになります。実は、ケンカをしたり、からかったりしながらも、みんなトシちゃんのことが好きだったのです。

表面上で捉えると「あんなにさんざん馬鹿にしていたのに、急にいなくなるとさみしがるなんて」という解釈になりますが、本質を捉えれば、みんな彼女に会いたくて店に通っていたことがよくわかるように描かれています。このように、人間の感情の機微を描いた文学作品を読んでいると、物事を見るときの深さや角度が変わってきます。

活字を読み、そこからあれこれとイメージを広げて面白がったり、ワクワクしたりする。こういった体験は、直接的に思考力を鍛えてくれる効果があります。「思考中毒は活字中毒から始まる」、あるいは「活字中毒になれば、思考は止まらなくなる」ともいえるでしょう。

本を読みながら思考しているか

例えば、夏目漱石の本を読んでいる状態は、何もしないでボーッと過ごしているときと比較すれば、考えている状態だといえます。文章を読みながら、内容を理解する。これだけでも思考を続けられていると評価はできます。

ただし、これは思考力を最低限発揮している状態にすぎません。漱石の『坊っちゃん』を読み終えたときに「この本を読んであなたは何を考えましたか?」と問われたとして「無鉄砲な先生の話が書いてありました」「とにかくテンポ良く、ぐいぐい読ませる文章で面白かった」としか答えられないのは、ちょっと物足りない。

「この作品は対照的な人物の設定の面白さが光っていますね」

「冒頭部分に、勝小吉《かつこきち》の『夢酔独言《むすいどくげん》』の匂いを感じますね」

などと答えると、「考えている」という感じになります。

考える行為には、思考の工夫が伴うべきです。

「この要素をこうしたら、どうなるだろう」

「この問題の本質は、ここにあるんじゃないか」

「こんなものがあったら、楽しいかもしれない」

などと工夫するところに思考の醍醐味があります。

例えば、19世紀の作家であるハーマン・メルヴィルの長編小説『白鯨《はくげい》』は、主人公の青年の視点で物語が展開するのですが、途中から三人称で書かれた作品のように変化します。

その変化は小説の文章の中に書いてあるわけではないので、気づく人と気づかないで読み進める人に分かれます。気づいた上で「この書き方には、こういう意図があるのではないかな」と考えられる人は、思考の工夫ができる人といえます。

小説の人称でいうと、英語をそれなりに学んだ人が川端康成の『雪国』を英訳しようとすると、冒頭の一文でつまずきます。

「国境の長いトンネルを抜けると雪国であった」

主語は「I」なのか「Shimamura」「The train」なのか、どれが正解なのか悩みます。普通に日本語で「国境の長いトンネルを抜けると雪国であった」と読むときには自然に受け入れているのですが、考えてみれば、この文章は主語が曖昧です。

実際、この作品を翻訳した日本学者のエドワード・G・サイデンステッカーが、苦労したというエピソードが残されています。私も英語の文章を翻訳して出版した経験があるのですが、普通に日本語の文章を書くときよりも、何倍も思考力を要したのを覚えています。翻訳家の人たちが、いかに考え続けているのかを実感する経験でした。

翻訳作業をしてみると、日本人は主体と客体を明確に区分けせず、曖昧に世界を捉えている主客未分の世界に生きているかもしれない、などと考えるようにもなります。

かといって、別に翻訳にチャレンジしろということではありません。あえて翻訳にチャレンジせずとも、思考の工夫を意識すれば、文章の読み方も変わってくるはずです。

3色ボールペンを使うと、思考が止まらなくなる

私は読書で思考を深める方法として「3色ボールペン活用法」を提唱しています。3色は次のように使い分けます。

・赤＝「非常に重要」だと思うところ

・青＝「まあ重要」だと思うところ
・緑＝「興味を抱いた、面白いと感じた」ところ

客観的に見て、非常に重要な部分には赤で線を引きます。赤は、重要な部分であると認識しやすい色ですから、読書をしていて「ここぞ」というところに使います。赤い線を引いた箇所だけをあとで読み返したときに、書き手の主張が明確に伝わるようになるのが理想です。赤はむやみに乱用せず、絞り込んで使うのがポイントです。

次は青です。青は、客観的に「まあ重要だと思う」ところに引きます。あとから読んだときに、青の部分を拾っていくと、あらすじや要約ができるようなイメージです。青は、赤と比較してたくさん引いてもかまいません。

最後が緑です。これは、主観的に面白いと感じた箇所に線を引きます。あくまでも自分が感じた「面白い文章」でかまいません。

自分の感覚だけを頼りに、気になったところに自由に線を引いていくだけです。赤や青と重なってもよいのですが、話の本筋とは無関係だけどユニークさを感じる文章、自

分にしかヒットしないような通好みの箇所などに線を引くのがポイントです。むしろ、他人から見て「この文章のどこに引っかかったの？」と言われるくらいがちょうどいいです。

最初から厳密に3色を使い分けようとすると、かえって本の中身に集中できなくなるかもしれないので、あまり堅苦しく考えず、なんとなく使い分けるくらいの意識で取り組むのがおすすめです。

とりあえずは、「赤と青は客観」「緑は主観」の区分けを意識しながら読み進めていきます。それも難しいようであれば、自由度の高い緑を中心に使っていくとよいかもしれません。緑の線を引いて本を読んでいくだけでも、読書が面白く感じられます。線を引くことで、はじめて自分の思考を意識することができます。

つまり、文章を書いたり人に話したりするアウトプットにも、つなげやすくなるわけです。

3色ボールペンは、会議をしたり、一人で思考したりするときにも、もちろん活用できます。メモを書くときに、重要度に応じて事実は赤と青で書き、主観的な感想は緑でメモします。こうすれば、意見を求められたときにも、すぐに答えることができます。

私は、もはや3色ボールペンを使わないと思考が進まない体質になってしまいました。

3色ボールペンを使わずに思考している人が、不思議に見えるくらいです。

3色ボールペンを使うと、確実に思考が止まらなくなります。実際に使い方のコツを覚えると、何をするときにも手放せなくなるはずです。

思考の究極の行為が「書くこと」

「話す」「読む」よりも、もっと高度に思考する行為が文章を書くということです。

会話をしていると、次々と面白いことを言って人を惹きつけるタイプの人がいます。

そんな面白い話を文字に起こしてみたら、何を言っているのかさっぱりわからなくなることがあります。あるいは、内容が矛盾していたりもします。

「話が面白い」とは、話し手のキャラクターの面白さやテンポの良さ、口調など、いろいろな要素から成り立っています。要するに話の中身よりも、雰囲気で面白い話をしているわけです。

もちろん、雰囲気で面白い話ができる、キャラクターで人を惹きつけるというのも立派な才能の一つです。特に日常会話では、多少矛盾した話をしても、相手が情報を補いながら聞いてくれるので、許してもらえます。

ただ、会話の面白さだけで「頭の回転が速い人」と判断するのは早計です。スピード感を持って話せることは重要ですが、内容のある情報を文章という形で表す能力も重要です。

自分の思考を文字にできるというのは、思考していることの最良の証明となります。「話す」と「書く」を両輪のアウトプットとして追求していくのが理想です。実際に、話すときよりも書くときのほうが、しっかりした思考力を要求されます。

OECDによる「PISA」という試験で、日本の「読解力」の順位が15位に後退した件を前述しました。

この試験では、日本の子どもたちは空欄に記述式で解答する試験に弱いことが指摘されています。基本的な学力は低いわけではないのですが、書く練習が足りていないのです。おそらく自分の思考を文字にして表すのが面倒、あるいは経験に乏しいのでしょう。

文章の文脈を捉えて読解する訓練としては、読書が有効です。しかし、さらに読んだ内容を、感想をプラスして書くことで思考を深めていくのが理想です。もはや国語のテストは、ほとんど記述式にしたほうがいいと思うくらいです。

実際に、東京大学の社会科の入学試験には記述式の問題が多数出題されています。空欄を見ただけで臆してしまう生徒は、まったく歯が立ちません。

法学部ともなると、ほとんどまっさらな原稿用紙の束が渡されて、ひたすら記述することを要求されるような試験が行われています。やはり文章を理解できるだけでは不十分で、記述できるかどうかで思考力の有無が試されているのです。

SNSをうまく使うことで思考する

文字を読むだけのときよりも、自分で書く行為を続けるほうが、確実に思考は深まる効果があります。

私が文章を書く習慣を身につけられたのは、学校の先生による影響が大きかったと考えています。小学校1年生のとき、毎日絵日記を書くという学校の課題がありました。

絵日記を書いて先生に提出すると、毎回先生が感想を書いて返してくれます。「良かったですね」「上手に書けました」などとリアクションしてくれるのが励みになりました。

最初はひらがなを覚えたてでしたから、覚えた言葉をとにかく書きつけるという感じです。1年間続けたところ、日記帳は何冊も積み重なりました。もうそのころには、書くということに対して、まったく不安がなくなっていました。今でも当時の先生には心から感謝しています。

絵日記で文章づくりに慣れたので、読書感想文を書くのも苦になりません。学校の図書室で本を借り、読んだ本について片っ端から読書感想文を書きました。教室に感想文用の用紙があって、絵を描くスペースと300字くらいの原稿のマスがあったように記憶しています。

ただ本を読むのと比較して、感想文を書くのは労力が要ります。書き手の思考に従って受動的に文章を追っていくだけでも読書はできますが、感想文を書くときには自分の頭で思考しなければなりません。書くことと思考することは直結しているのです。

「読む」と「書く」をそれぞれ行うと、後者のほうが圧倒的に疲れるのがその証拠です。「読書感想文を書かせると、子どもが読書嫌いになるので、やめさせたほうがいい。面白かったで十分」

しばしば、そういった主張を見かけます。ちょっと疑問です。教育ですから、感想文を書けるくらいの思考力を養わないでどうするのだろう、と感じます。

これは子どもだけの話ではなく、大人も同じです。本を読んだときに「面白かった」で済ませるのではなく、SNSにレビューを書いたり、家族や友人の前で感想を語ったりすることができるくらいに思考力を高めておくのが理想です。

例えば、週に2本の映画を見て、感想をSNSにアップするなどの取り組みもアリです。1本につき1000字くらいの文章を月10本くらい書くとなると、それなりに頭を使います。今の時代の良さは、自分が発信した情報を誰かが読んでくれるという張り合いを感じられるところです。好意的な評価が得られれば、ますますモチベーションも高まります。

映画好きな人であれば、最初の10本くらいはなんとか続けられると思います。10本終わったときには小さな達成感が得られ、その達成感が次の10本への推進力になっていきます。

するとと映画の鑑賞の仕方そのものに変化が生じてきます。映画を見ている最中にも「あ、あれを書かなければ」「これも書いておきたい」などと思考が働くようになるのです。これは、けっして映画を楽しめていない状態ではありません。むしろ深く鑑賞して、考えるようになっている証拠といえます。

私も、映画について宣伝コメントを求められ、試写会に参加する機会があるのですが、やはりこういったときは、いつも以上に真剣に映画を見て考えているのを実感します。映画を見て考える行為が習慣化されると、感想文を書くのも苦にならなくなります。

それでも文章を書くのが億劫という人には、とっておきのテクニックがあります。

まずは映画を鑑賞しながら、「ここは印象的」と思えるシーンをピックアップしておきます。鑑賞後には全編を通じてベストなシーンを3カ所に絞り込みます。このとき、おおよそ序盤で一つ、中盤で一つ、終盤で一つのバランスになるのが理想です。

それぞれのシーンを書き起こしつつ、ちょっとしたコメントを加えれば、それで感想文の完成です。

「超検索力」で知識を深める

文章を書くときのインターネットの活用法についても触れておきたいと思います。インターネットはアイデアのもととなる、あらゆる知識の宝庫です。インターネットを上手に活用すれば、知識と知識を組み合わせてアイデアを生み出すことが可能となります。

インターネットをアウトプットにつなげるときの検索の仕方を、私は「超検索」と呼んでいます。超検索とは、あるテーマについて、5回、10回と検索を重ねて知識を深めていく手法です。

端的に言えば、「たくさん検索しよう」ということですが、それでは刺激に欠けるので、あえて「超検索力をつけよう」という表現を用いて提案しています。

大学では、学生たちにあるキーワードを与えて、それについて5分でどれだけ検索できるかにチャレンジする取り組みをしてもらいます。

4人1組で、全員がスマホを使って協力しながら手分けして検索を繰り返します。検索後に、結果をとりまとめて発表する機会を設けているのですが、グループによって検索結果に大きな差がつくこともあります。

これをやると、自分が意外にネットの検索能力を駆使していなかったことに気づきます。四六時中スマホを手にしているはずなのに、なぜか思考のツールとして活用していない。検索が甘いのです。

私が、どうして現代人の検索力の甘さに気づいたのかというと、いろいろなテレビ番組や書籍の監修をするときに、間違った情報を指摘した経験が何度となくあったからです。

インターネットでせいぜい4、5回検索すれば明らかな間違いだとわかるような情報が、当たり前のように使われていたのです。結局、全部自分で調べ直すようなケースがたびたびありました。

インターネットの情報は玉石混交だとはいわれていますが、検索を繰り返せば、ある程度精度の高い内容へと整理することはできます。

例えば、「我が輩の辞書に不可能という文字はない」はナポレオンの名言とされていますが、『ナポレオン言行録』のどこを見ても、そんな言葉は記載されていません。

「世の中で一番楽しく立派なことは、一生涯を貫く仕事をもつことです」

これは福沢諭吉の名言として流布していますが、『福沢諭吉全集』を見ても出てこない言葉です。

孫引きに次ぐ孫引きを繰り返すうちに、いつの間にか、ウソが真実として定着してしまうケースがあります。こうしたウソも、インターネットの使い方しだいで簡単に発見できることを知っておくべきです。

正しい知識を検索した上で、正しい知識に基づいてアウトプットしていく。この最低限のリテラシーを身につけておくのが基本でしょう。

考えている人は常に「気づき」を得ている

考える時間が延びていくと、生活の中で気づきが起きる回数が増えていきます。気づきを会話や文章にしてアウトプットしていけば、確実に思考力がつき、クリエイティブなアイデアも出やすくなります。

例えば、セミナーや勉強会に参加したとき。「勉強になりました」「参考にしたいと思うことがたくさんありました」くらいしか感想が出てこないというのは、思考力が不足している証拠です。

その気になれば、もっとたくさんの気づきがあるはずですし、気の利いたレポートを作成できるはずです。1時間のセミナーで気づきを一つずつ詳しく書き出していくと、原稿用紙10枚くらいになる。これが、考えている人のアウトプットです。

文学者というのは、当たり前の体験をもとに、延々と気づきを描写していく能力に長《た》けています。

何度も太宰治の例を出すようですが、『佐渡』という短編小説があります。佐渡島を訪れたときの大して起伏のない体験や風景の数々を、作家らしい見事な文章力で綴《つづ》っている作品です。

この作品を一言で言い切ると、「佐渡に行っても何もない。何もないのは最初からわかっているけど、とにかく佐渡に行ってみた。で、やっぱり何もなかった」というお話です。

普通の人なら、「何もなかった」という、つまらない一文で終わりそうなところを、太宰治はぐいぐい読ませる文章力でいくつもの気づきを提示していきます。端的にまとめると、次のような具合です。

船が新潟を出てすぐに佐渡らしき島が見えてきたのだけれども、なぜか船は島を素通りしようとする。でも、地図で見る限り新潟の近くには島が一つしかないから、あれは佐渡島に違いないのだと思うから頭が混乱する。誰かに「あれは何という島なんですか？」と聞きたいところなのだが、本当に佐渡だったら「おかしい人」だと思われそうなので聞くに聞けない。

その島を通り過ぎたら大陸の影が見えてきて、「あれは大きすぎる、いったいどこなのだ？」とぞっとしていたら、それが佐渡だった。佐渡島は「工」の字を倒《さか》さにしたような形をしていて、最初に見えたのは、小さいほうの山々で、大きいほうの平野は隠れていたから二つ島があるように見えた。

ちょっとした不安と気づきが文章化されることで、小説としての面白さが生まれています。ただ、佐渡島を旅行するだけで、これだけ面白い文章を書けるのは、太宰治に思考力があって、それを文章化する能力にも優れていたからこそです。

思考力がある人は、日常の中で、常に気づきを得ています。ですから、思考力がある人の文章には、気づきがふんだんにちりばめられています。

何も起きていない日常を面白おかしく書けるようになったら、思考のレベルは確実に向上していると言えるのです。そして、思考レベルを上げる一番の近道は、思考中毒になることなのです。

第5章　アイデアを生む思考力

ヒット商品の陰には思考中毒者がいる

「経営の神様」とも称され、マネジメントの発明者でもある経営学者のピーター・ドラッカーは、販売とマーケティングを対照的に捉えていました。

販売は、端的にいえば、すでにある商品をどのように売るかについての取り組みです。これに対してマーケティングは、まだ商品が存在しない段階で消費者が何を求めているかを知るという取り組みを指します。ドラッカーは著書の中で「マーケティングの理想は、販売を不要にすることである」と述べています。おのずから売れるようにするということです。あるいは「顧客の創造」という表現も使っています。

ドラッカーが予期したように、現代の企業は販売ではなくマーケティングを重視しています。例えば、1980年代前半までビール業界の売上シェア1位はキリンビールであり、以下、サッポロビール、アサヒビールの順となっていました。アサヒビールは相当離されての業界3位に甘んじていました。

しかし、1987年に投入したアサヒスーパードライが驚異的な大ヒット。一気に形勢が逆転し、ついにはシェアトップの座を奪うに至りました。

このビール業界の地図を塗り替えるほどの大ヒットが、いかにして生まれたのか。

実は、大規模な嗜好調査を行い、消費者の味の好みをヒアリングしたところ、もっとキレのいいもの、ドライなビールを欲しているのがわかったからです。

そのニーズを技術者に伝えたところ、最初は「ビールのうまみが台無しになってしまう」と一刀両断だったそうですが、最終的には消費者が求めているものを作るために技術開発に取り組み、結果的にスーパードライが誕生したわけです。きっとアサヒビールの商品開発担当者は、お客さんが好むビールを作ろうと日々、思考をめぐらせていたに違いありません。

ヒット商品の陰には、必ず思考の痕跡が残されているものです。「自分がいいと思うものを作れば、それでいい」と満足してしまうのではなく、どうすれば売れるかを考えて、試行錯誤をすることが肝心です。

新聞などを見ていても、昔は小さな活字がぎっしり詰まっていて、情報量が多いほうがありがたい感じがしたのですが、今では活字もかなり大きくなってきています。

新聞そのものの大きさやページ数は変わっていませんから、全体の情報量は減っているはずです。要するに、顧客は「情報量」よりも「読みやすさ」を求め、その要望に応えるために活字が大きくなってきた経緯があります。このように、時代の変化とともに顧客の常識はどんどん変化していきますから、常に思考しながら正解を追い求めていく必要があるわけです。

ラクをしたいから考える

私は、これまで800冊近い書籍を執筆し、さまざまなアイデアを形にしてきました。そういうとエラそうに聞こえますが、すべては面倒くさがりな性格が原動力になっています。せっかく企画を思いついたのだから、一気に本の形にまでしてしまわないと思考がもったいない。今形にしないで「あとでまた」では面倒くさいという感覚です。

思い返せば、「少しでもラクをしたい」「省エネを目指したい」との思いから、生活や仕事の仕方をあれこれ思考し、工夫してきました。

例えば、私はサウナで服を脱ぐときに、下着とシャツとセーターを3枚一緒に脱ぎます。シャツのボタンは上の2つだけ外し、いっぺんにすべてを脱ぎ捨てるのです。同様に、ズボンとパンツと靴下も一度に脱ぎます。ズボンのはき口に親指を引っかけて靴下も一緒に下げ、右足、左足の順に抜くと、たった二動作で脱ぐことができます。

あるとき、私が脱いだあとの服を見た人から「まるで透明人間みたいですね」と言われたことがあります。秀逸な表現ですね。

私に言わせれば、なぜわざわざ手間隙《ひま》をかけて一つずつ脱ぐのかがわかりません。「いっぺんに脱いだほうがラクなのに」としか思えないのです。ラクをしたい一心で、この最良の脱ぎ方を編み出したわけです。

小学校でみんなが覚える「かけ算」も、私は半分しか覚えていません。

4×7＝28も7×4＝28も、いっていることは同じ。だったら一つ覚えれば十分だと考えているので、3×8＝24、4×7＝28などはスラスラ言えても、8×3＝24、7×4＝28は、すぐに口から出てきません。さすがに小学校時代は一度は全部暗誦《あんしょう》しましたが、当時から「半分でいいのに」と思っていました。

ついでにいうと、1の段も無意味だと思っていますし、9の段は9×9＝81だけで終了です。それでも日常生活で計算間違いをすることは、ほとんどないので大丈夫。むしろ間違いが少ないと確信しています。

そんなふうに、常に「ラクをする」ために頭を使おうとする習慣が、効率化のアイデアを生み出す、よい訓練になったと感じています。ラクをするために考え続けられるようになったのです。

だから、複数の作業を共同で取り組むようなときにも、「この作業はまとめてやったほうが速い」「これは2人でなく一人でやれば十分」といったアイデアが瞬時に出ます。

今、企業では「働き方改革」が叫ばれ、ムダな作業を減らし、残業を削減する取り組みが進んでいます。ムダを減らすのは良いのですが、作業を減らした分だけ職場の人数も減らし、かえって一人あたりの負担が大きくなっている現状もあります。これは本当の意味での働き方改革とは違います。

「作業を減らせば、もっとラクができる」

これを実現するからこそ、人はクリエイティブなアイデアを生み出せるわけです。

自動車も食器洗浄機も、もともとは「ラクをしたい」という欲求から生まれています。

この原理を生かすのが、発想の基本なのです。

単純で退屈な作業を面白くする

今、私たちの周りで人気があるものを見渡すと、「単純で退屈だけど重要なこと」を面白くできた商品やサービスが消費者の支持を得ている現状に気づきます。

例えば、「健康のために運動をしたほうがいい」というのを頭ではわかってはいても、なかなか実行に移せない人がたくさんいます。

そんな人に向けたNintendo Switch『リングフィット アドベンチャー』というゲームが人気となっています。これは、体に機器を装着し、その動きを画面のキャラクターと連動させ、ファンタジー世界を冒険しながら、フィットネスプログラムをこなしていく仕組みのゲームです。

私の身近にも『リングフィット アドベンチャー』を購入した学生がいたので、学生たちと一緒にチャレンジしてみました。確かに、ゲームをしながら体を動かすので、楽しみながら運動ができます。よくできた商品だと思いました。

ずっと続けていると飽きてしまうような退屈な動作でも、ゲームになると楽しく続けられます。ゲームをクリアすれば、達成感も得られるでしょう。

「退屈なものを面白くする」という発想で考えると、日々の仕事や暮らしにおいても、創意工夫するようになります。

例えば、「職場で使っている椅子の座り心地を改善すれば、単調な仕事が面白くなるかも」などと考えて、座布団の厚みや硬さなどをあれこれ工夫してみる。あるいは、どうすればキーボードを速く打てるかを考えて実験してみる。こういった試行錯誤が思考の質を高めます。

ずいぶん前の話ですが、ワープロが普及し始めたころ、私は真っ先に導入して使い始めた人間の一人です。当時は大学院生で時間に恵まれていたこともあり、1日10時間近くキーボードに向かっていました。最初はあまりの便利さに感動する一方だったのですが、しばらくすると肩や首に疲れを覚えるようになりました。

「疲れを解消しながらワープロを使う方法はないか」

そう考えて試行錯誤するうちに、ふとしたきっかけで机の引き出しを引っ張り出し、その引き出しに両肘をのせれば肘を支える必要がなくなり、肩や首の負担も軽減するという事実に気づきました。

そんな具合で、キーボード入力作業を快適に行っていたところ、しだいに夢の中に出てくる登場人物がすべて活字で会話をするようになってしまいました。これは快適以前に明らかなキーボードの打ちすぎであり、その後しばらくは反動で原稿を手書きしていたのを記憶しています。

話がわき道にそれました。要するに、私は単純な雑用についても、「どうすれば快適にできるか」を追求してきました。仕事はクリエイティブな部分だけで成り立っているわけではありません。大学の教員という仕事も、よくよく見れば単純作業の仕事が結構な割合を占め、減らすにも限界があります。そこで、「月曜日は事務作業の日」などと決めて、その日はどれだけ効率よく雑用を片づけられるかを考えるようにしたのです。

クリエイティブには見えないような作業でも、効率化して疲労度を最小限に抑えながらできるようになると快感が得られます。

仮に「封筒から大量の書類を取り出し、別の封筒にアドレスを書いて一通ずつ発送する」という作業があったとします。この場合、一緒に作業する人と「最も効率の良い作業分担」についてパッとアイデアを出し合い、段取りを決めて取り組むと、あまりに速く作業が進むので、単純作業なのに非常に楽しく感じられます。

彫刻家の佐藤忠良《ちゆうりよう》さんなど一流のアーティストも、芸術はクリエイティビティというより段取りが重要であると語っています。作業をいかに効率よく快適にできるか。それを思考することが、イノベーションの成否を決めるのです。

「極限までシンプルに」考えられるか

私たちが普段何気なく使っている商品やサービスの裏側には、さまざまなアイデアがたくさん詰め込まれています。何気なく見ているると当たり前のように見過ごしてしまうのですが、商品やサービスを一つひとつ解剖していけば、作り手の思考の深さを垣間見ることができます。

優れたアイデアを出したいと思ったら、まずは考え続けて、何かを生み出す人の思考の深さを知ることが重要です。

特に注目したいのが、シンプルで完成されている商品やサービスです。思考が凝縮されると、行き着く先はシンプルなものになる傾向があります。

そんな成功例の一つがiPhoneです。iPhoneが多機能でありながら、操作性が非常にシンプルなのは、すでに世の多くの人が知るところです。

『Think Simple アップルを生みだす熱狂的哲学』（NHK出版）という本の中で、アップルの元クリエイティブディレクターとして知られる著者のケン・シーガル氏は、スティーブ・ジョブズがiPhoneのボタンを一つにすることにこだわった経緯を詳《つまび》らかにしています。

iPhoneが誕生する以前の携帯電話には、たくさんのボタンがついていました。ボタンが多いのはそれだけ機能が多いことの表れであり、操作に慣れれば便利であるのは事実です。

ただ、ジョブズはたった一つのボタンを操作するシンプルさを追求しました。どんな操作をしても、一つのホームボタンを押せばホーム画面に戻ってこられる仕組みは、圧倒的にわかりやすく、かつ安心できます。禅に傾倒したジョブズにとって、シンプルというのは一つの教義のようなものでした。

「なぜ、もっとシンプルにできないのか？」

「どうすればシンプルにできるのか？」

これをひたすら問い続けながら、アップルのスタッフたちはボタン一つのスマートフォンづくりに試行錯誤しました。

ちなみに「シンプルにする」というのはあくまでも抽象的な課題であり、それを具体的なアイデアとして形にしていく過程も欠かせません。基本的に思考は抽象化しやすいので、具体的な形にしていくために思考する必要があります。抽象と具体を往復しながら考えることで、画期的なアイデアを現実の商品やサービスへと落とし込むのです。

「極限までシンプルに」というジョブズの抽象的なオーダーに応え、iPhoneという世界を一変させるような具体的な製品を誕生させたところに、アップル社の強さを感じます。

もう一つ例を挙げれば、ソニーが開発したポータブルオーディオプレイヤーのウォークマンも、「音楽を持ち歩く」という抽象的な思考を具現化して、大ヒットした成功例です。

ウォークマンは、ソニーの創業者の一人である井深大《いぶかまさる》さんの発想から始まったとされています。もちろん、ラジカセを肩に担ぐことで「音楽を持ち歩く」というのは物理的には可能です。しかし、より便利にスマートに「音楽を持ち運ぶ」を具現化するにはどうしたらいいか。それを追求した末に、録音機能をそぎ落とし、ステレオ再生に特化したオーディオプレイヤーが誕生したわけです。

思考の凝縮が「コンセプト」

抽象的な思考を具体的な思考に変える一つの訓練としておすすめなのが、「コンセプト」を考える作業です。

よくプロ野球のチームなどが、ペナントレースを戦っていくにあたってシーズンを通じたスローガンを発表することがあります。

あるいは青山学院大学陸上競技部の原晋《はらすすむ》監督が、箱根駅伝の直前に「○○大作戦」と銘打ったスローガンを発表するのが恒例となっています。２０２０年1月に行われた箱根駅伝では「やっぱり大作戦」というスローガンを掲げ、総合優勝奪還を果たしています。

記憶に新しいのは、2019年にラグビーワールドカップに挑んだ日本代表チームが作った「ONE TEAM《ワンチーム》」というスローガンです。

代表がベスト8入りした大活躍ともあいまって、流行語大賞を受賞するくらいの人口に膾炙《かいしや》したフレーズとなりました。

「ONE TEAM」ではない別のスローガンでも、代表チームはまとまりをもって戦えたのかもしれませんが、あとになってみると「ONE TEAM」以外のスローガンはありえないように感じられます。

こういったスローガンは、一種のコンセプトです。

ビジネスでも、何かのプロジェクトを立ち上げたり、企画を提案したりするときに、方向性をコンセプトとして言葉に表すことで、物事が進むようなことがよくあります。

現在、日本ラグビー協会副会長の役職にある清宮克幸さんが、早稲田大学のラグビー部監督時代、インタビュー記事で「スローガンを考えるために、多大なエネルギーを要した」と発言しているのを読んだことがあります。

スローガンは、そこに関わるすべての人たちが精神を傾ける中心であり、簡潔でありながらも具体的でなければなりません。最適な言葉を選択するには、非常に神経を使うことになるわけです。

職場内のチームのコンセプトを考えるとき「一生懸命みんなで協力し合って、売上を上げる」でもいいのですが、どちらかというと心構えに近くてぼんやりしています。もう少し自分の言葉を使って表現しようとすると、頭が回転し始めます。このように言葉でコンセプトを形にする訓練は、思考習慣をつける上で、非常に有効といえるのです。

偏見や常識が思考をつぶす

いわゆる「考えごと」をする時間を減らし、考えて何かを生み出すとき、障壁となるのが、偏見や常識などの先入観です。発想がワンパターンになったり、平凡なアイデアばかり出したり、古くさい思考にとどまったりしている人は「先入観でものを見ている」という共通点があります。

「会議は会議室で行うもの」という先入観を持っている人は、行き詰まったときに発想の転換が難しくなります。そんなとき私は外をしばらく散歩して、帰ってきてから発表してもらうというスタイルを提案します。すると、意外に新鮮なアイデアが出てくるのです。

前述した「ウォークマン」という製品をソニーが開発する以前、音楽を聴くには大きな機器が必要であり、しかも音楽は室内で聴くものであるとの常識がありました。もし、この常識にとらわれていたなら、「音楽を持ち歩きながら聴く」というイノベーティブな発想はできなかったはずです。

偏見や常識から抜け出すには、普段のものの見方をいったん括弧に入れて、取り出す作業が必要です。「リンゴは本当に赤いのか」「月は本当に丸いのか」のように、常識を疑いながら問い直していくわけです。疑問を投げかけることによって、人ははじめて対象を真剣に見ようとします。

これはフッサールというオーストリア出身の哲学者が提唱した「現象学」という方法論でもあります。先入観でものを見ている人に対して「先入観を捨てましょう。そうすれば意識や発想がクリアになります」と提唱するのが現象学なのです。
現象学が一時期盛んになったのは、人がそれだけ先入観にとらわれやすいからです。人は目の前のものをちゃんと見ているつもりでも、厳密な意味では正しく見ているわけではありません。

リンゴを前にして「リンゴの絵を描いてみて」と言われると、漫画のように記号化された絵を描く人がいます。この場合も、目の前のリンゴを見ずに、自分の頭の中で概念化したリンゴのイメージにとらわれているのです。

では、何気なく日常的に目にしている「氷水の入ったグラスを忠実に描いてください」と言われたら、どうでしょう。そこで、はじめてまざまざとコップに目を向けると思います。水と氷の色味はだいたい同じですが、視覚的には違いを認識しています。それを絵として表現するには、微妙な氷の質感などをしっかり観察しなければなりません。

ウイスキーの水割りを描くとなると、今度は、水に溶け出すウイスキーの渦や色合いのグラデーションをどう描くかを考えることになります。

普段の常識で捉えていた「ウイスキーの水割り」でも、じっくり観察すると、まるで違ったもののように感じられます。

当たり前の常識を外して、「これって本当はどうなのか」と疑問を投げかけ、改めて対象を捉え直した瞬間から、「考える」という活動がスタートするのです。

つまり、偏見や常識を排除して真剣に見たり聴いたりすることと、真剣に考えることは不可分に結びついているわけです。

アイデアを出し合い、褒め合う

思考を持続させ、アイデアを出すためのトレーニングとして、私は学生たちに4人1組になって一人15秒ずつアイデアを出してもらうことがあります。一クラスに40人いて、一人だけを指名して発言してもらうと、残りの39人がボーッとしてしまう可能性があります。だから、必ず全員が発言する仕組みにするのがポイントです。

私がストップウォッチを持って時間を計り、15秒×4人で1周すると1分。1周終わったら2周目に入り、これを何周できるかにチャレンジします。ちなみに前の人が出したアイデアを、もう一度言うのはNGです。

あくまでも一人が一つのアイデアを発表するのがポイントです。話し合いでアイデアを出し合うと、おしゃべりな人だけがダラダラと話し続けることになります。そのおしゃべりな人がクリエイティブでない場合などは、完全な時間のムダとなるので要注意です。これは職場の会議でもおなじみかもしれません。

さて、アイデア出しを何周か繰り返していると、アイデアを出すのが苦しくなってきます。そこからが思考力を鍛える本当の勝負です。他の人が出したアイデアを少しアレンジしたりしながら、とにかく新しいアイデアを出し続けます。

大学の授業で行った中では、「効果的な教育方法」というテーマで21周を記録したことがあります。10周を超えると明らかなネタ切れとなり、待ち時間の45秒で一つのアイデアを出していくのが難しくなってきます。

一人の学生がとうとう「ありません」と降参の意思を示しました。とりあえずは、「パス」の扱いにしてアイデア出しを続行したところ、次に順番が回ってきたタイミングで、その学生は復活して新しいアイデアを出したのです。さすが明治大学の学生は、なかなか根性があります。

ここで重要なのは、ベストなアイデアでなくてもいいので、とにかく何か発言することです。45秒間考えてコメントするのを繰り返す行為は、一瞬の気の緩みも許されません。その分、かなりのトレーニング効果が得られます。

こうした取り組みをすると、その場が非常にクリエイティブな空間になります。ぜひ職場で同僚を集めて取り組んでみるのをおすすめします。例えば「残業を減らすための対策」というテーマでアイデアを出し合うと、斬新な改善策が見つかるかもしれません。

なお、チームでアイデアを出しやすくする潤滑油となるのは、アイデアを出した人に対する賞賛です。アイデアを出した人を「素晴らしい」と徹底的に讃えるようにするだけで、確実に出てくるアイデアの数が増えます。

職場では、得てして年配の管理職からアイデアが出にくい状況があります。アイデアが出ないだけでなく、重い雰囲気を出していると、ますます職場全体がどんよりしてきます。アイデアが出にくい人は、せめて盛り上げ役に徹するべきです。それが最低限の、場に対する貢献だからです。

アイデアを出した人にとって、賞賛は何よりの報酬となります。一部の天才は、ただ考えてアイデアを出すだけで満たされますが、そうではない普通の人にとって、考えることはちょっとしたストレスが伴う行為です。だからこそ、褒めて認めてもらう機会が重要なのです。

この原理は、子どもたちと関わっているとよくわかります。

「今のはナイスアイデア！」

「よく考えて物を言っているね」

「自分の頭を使ったね」

などと褒めると、子どもたちはどんどん自分の頭で考えるようになります。

私は鹿児島県の中学生にアインシュタインの重力波について解説をしたことがあります。一通り説明が終わったあと、いつも明大生に対してやっているように「じゃあ、重力波について誰かショートコントを作って発表してくれないかな」と呼びかけました。

会場には1000人近くの中学生が集まっています。自分でも「ちょっとハードルが高いミッションかな」と内心思っていたのですが、驚くことに自ら名乗りをあげた男女のコンビがいました。

2人は、私の話を聞くまで、重力波についての知識はゼロ。説明を聞いただけで即興で作ったコントだったのですが、結果は大爆笑。ステージで全身を波打たせながら重力波を全力で演じる女子中学生の姿に、私も涙を流しながら笑いっぱなしでした。

彼女の勇気と知性とユーモアを、会場の1000人全員が拍手で賞賛しました。このように勇気を持ってアイデアを表現した人を讃えることで、当人は大きなエネルギーを得ます。これが、さらに思考に対する意欲を喚起するという好循環へとつながるのです。

手書きで書き殴ると思考が加速する

チームでアイデアを出し合うのと似たようなトレーニングとして、3分の時間内で可能な限りのアイデアをメモに列挙して、3分後に発表する方法もあります。

私も、出版社から「書籍のタイトル案を出してほしい」と依頼されたときに、その場で数分程度集中し、スマホのメモなどに20個くらいのタイトルを打ち込んだものを素早く返信することがあります。

アイデアを紙に手書きで書き出すのもよいですが、スマホのメモ機能を活用するのも結構便利です。スマホの場合は、列挙したアイデアをそのままコピーすれば、手軽に送信できます。

肝心なのは考えたアイデアを文字にしていくことです。エジソンやレオナルド・ダ・ヴィンチなど偉大な発明家が揃いも揃ってメモ魔だったことはよく知られています。

メモの効用ということでは、数学者の藤原正彦さんがエッセイの中で、紙の束（パッド）を持ち歩き、とにかく思考を書き留めていると記述していたのを読んだことがあります。数学者は、基本的にそういった習慣を持っているそうです。

もちろんパソコンも使って仕事をしているのでしょうが、手書きで書き殴っていると思考が加速する側面はあります。

ドラマなどで、数学者が黒板を数式でいっぱいにしながら話し続けている場面を目にしますが、現実の数学者もメモを使って似たような作業をしているのでしょう。

私自身、そんな格好いい数学者にならって、編集者と雑談をするようなときに、手元の紙にキーワードや図解を書きつけながら、「ああでもない」「こうでもない」と話をする機会がよくあります。

メモを書いているうちに、「タイトル案」や「構成」、「レイアウト例」などがおぼろげに浮かび上がってきて、ちょっとした出版企画書の原型のようなものができあがります。その手書きのメモを10枚、20枚一緒に編集者に渡したところで打ち合わせは終了です。あとはそれを編集者が整理してブラッシュアップさせてくれれば、企画書は完成するという具合です。

このように、メモは思考をアウトプットするときの必殺技となるので、外出時にも思考手帳やA4の用紙を携帯するのが基本です。スマホのメモ機能も便利です。

映画を鑑賞する合間や、マッサージを受けている間などに、思いついたアイデアをこまめに記録するのもよいでしょう。映画館内では、さすがにスマホを使用できないので、手探りで紙にペンで書きつけます。あとで明るい場所で見ると、何が書いてあったのか判読に苦労するのですが、やはり思いついた「その場」で記録しておくことが肝心です。思いついた瞬間に記録しないと、すぐにアイデアを忘れてしまい、あとからどんなに頑張っても思い出せなくなるからです。

私は小学校低学年向けに『齋藤孝の声に出しておぼえる　ことわざかるた』『齋藤孝

の声に出しておぼえる　四字熟語かるた』（ともに幻冬舎）という、かるたを作成した経験があります。かるたの読み札に書かれることわざや四字熟語を使った例文を考えるにあたっては、小学校低学年が習う漢字を使うという制約があります。

最初は編集者に、読み札を1、2案提示して「こんな感じで作ってみては？」と提案したのですが、編集者は「こんなのムリです。先生以外にできる人がいるわけないですよ」と尻込みするばかり。そこで、私が読み札をすべて考えることになりました。

実際に読み札を考え始めると、なかなか一筋縄ではいかないことがわかりました。小学生が習う漢字をもとに、具体的かつ面白い読み札を作る必要があります。

それでも一度、読み札を考える頭のスイッチが入ると、思考が止まらなくなりました。電車の待ち時間や、食事中、夜寝ている間にも、ふとアイデアが湧き出て、あふれてきたのです。

同じスタイルで小学1・2年生用の漢字カードの例文を240文作成したときは、2週間くらいにわたって、あらゆるスキマ時間が面白例文作成に使われました。

カードにはイラストが入るので、絵をイメージしながら作りました。例えば「首」と

いう漢字。私の例文は、

「ろくろ首が　首を長くして　百人一首を　やっている」

こんな感じの脱力例文を、四六時中考え続けて、スマホにメモしました。もはや、例文職人。最後の一つを仕上げるまで、考え続けずにはいられない。ゴールまでは止まらないランニングマシーンの上にいるようなものでした。

思考の負荷は、快感を生みます。職人仕事は、流れが大事。負荷、快感、流れ。言ってみれば、フロー（流れ）感覚です。

このように、具体的に考える材料があって、明確なルールが定められていれば、ゲーム感覚で次々とアイデアを生み出すことができます。しかも、絶妙な例文を思いつけば、ちょっとした快感が得られます。

そう考えると、俳句に親しんでいる人は、趣味を楽しみながら思考を働かせることができているといえそうです。俳句は、五・七・五の中に季語を入れながら、最適な言葉の組み合わせを追求するからです。

大学生に俳句を作ってもらうと、初心者でもなかなかセンスのよい句が出てきます。

しかも、「俳句を作るのは大変だけど楽しい」という感想が寄せられます。ゲーム感覚で考え続ける行為は、楽しいものなのです。

目指すは「面白いアイデア」を出すこと

私は『論語』を学んだ経験から、人間には「智・仁・勇」の三要素が重要だと考えるようになりました。「智」は知性、判断力、「仁」は優しさ、真心、「勇」は勇気、行動力を表します。儒教ではこの3つを「三徳」と呼び、身につけるべき徳目《とくもく》として教えています。

自分は判断を間違えていないか。誠実であるか。行動力を持っているか。人はこれらを常にチェックする必要があり、3つが揃えば人間として完成されている……と考えてきました。

ところが最近になって、智・仁・勇だけではカバーし切れない、重要な徳目があると思い始めました。それは何かといえば、「笑い」です。笑いはクリエイティビティが最高に発揮された表現である、と私は考えています。目指すのは、面白いアイデアを生み出すことです。

大学の授業でも、「笑い」を常に追求しています。爆笑が起きなければ授業ではない、と公言するほど、学生を笑わせることを第一に考えているのです。つまり、人間に必要な徳目は「智・仁・勇・笑い」ということになります。

当然ながら学生たちにも「笑い」を追求してもらいます。私の授業では、「ためになる知識を面白く」が要求されます。

あるとき、学生に「ショートコント　論語」を作るように指示を出しました。『論語』を読み込んだ上で、内容に基づいたコントのシナリオを書き、実際に演じてもらうという取り組みです。

素人と思ってあなどるなかれ、さすが明治大学の学生たちは、なかなかレベルの高いコントを発表してくれました。これに味を占めた私は、「三権分立」や「英文法」など、さまざまなアイデアでコントを発表する機会を設けるようになりました。

知識をきちんと理解して、要約して発表する。これだけでも思考力は働いているのですが、これに笑いの要素を足すには、格段に高レベルな思考が求められます。

例えば、世界史の教科書を読んで「カノッサの屈辱」について解説しても、真面目な授業すぎて、思考がストップしています。これをコントにするにあたっては、笑いや驚きの要素を取り込まなければなりません。

「教皇の権威が肥大化している」
「破門されたら、皇帝といえども権威を失う」
「雪の中、素足になって教皇に屈服する」

こういった出来事のポイントを踏まえて、知的なエンターテインメントに仕上げるとなると、思考力を相当駆使することになります。学生たちはこういった難題を、必死にクリアしていきます。

「歴史上の人物についてコントを作る」というお題を出したときに、ある学生は、その人物についてアルバイトの採用面接をするという設定を考えました。

面接官の2人が履歴書を見ながら、当人の人物像についてあれこれと議論をします。

「彼は結構、残酷だからなー」
「思い込みが激しいから使いにくそう」

など、見事に人物の紹介をしながら笑いをとっていました。

私が特に印象に残っているのは、「三人称単数現在形のSをテーマにショートコントを作る」という課題を出したときです。自分でやっておきながら、かなりの無茶ぶりだと思います。

三人称単数現在形にsをつけるというのは、中学1年生で身につける英文法の基本です。「I play tennis.」の主語が「He」になると、「He plays tennis.」になる。一見、どうということのない無味乾燥な知識です。これがいったい、どんなコントになるのか皆目見当がつかないでしょうが、やはり明大生たちはちゃんとコントにしてくれます。

ある学生3人組は、宅配便で「三単現のs」を届けるという設定のコントを発表しました。最初に向かった「Playさん」のお宅では問題なく「s」を受け取ってもらえるのですが、次の「Goさん」のお宅では「eがないと受け取れない」と突っぱねられ、営業所まで取りに戻り、最後は「Study」さんのお宅……といった内容です。

英文法の知識もちゃんと解説しているし、笑えるし、洒落《しゃれ》も利いている。大変クリエイティブな内容であり、教室でも絶賛されていました。

笑いにチャレンジする行為は、ハードルも高いですが、ワクワク感もあります。より負荷のかかった状況で思考することで、絶妙なアイデアをアウトプットしたときに相当な達成感も得られるのです。

弱点を持たせるとクリエイティブになる

何事も制約を課すことで面白くなることはよくあります。例えば、サッカーという競技はキーパー以外手を使ってはいけないというルールがあるからこそ、華麗な足技を楽しめる競技として発展しました。日常生活の中で自在に使っている手をあえて封印したところに、サッカーの最大の魅力があります。

制約の重要性については、『SLAM DUNK』『バガボンド』などの大ヒット漫画作品で知られる井上雄彦《たけひこ》さんが「キャラクターづくりのコツ」を問われた際に、「弱点を持たせること」と答えていたのが印象に残っています。

弱点というのは、人にとって一種の制約にほかなりません。弱点（制約）があることで、キャラクターに魅力が生まれ、物語が生き生きします。だから、あえてキャラクターに弱点を持たせるのが、井上さん流の創作術というわけです。

あるいは、「予算がない・限られている」というのもクリエイティビティを刺激する制約です。普通は「予算がない」というのはネガティブな要素として捉えられがちですが、それを逆手にとって「いかにいいものを作るか」を思考し続け、実現してしまうクリエイターも存在します。

ロベルト・ロッセリーニというイタリアの映画監督は、第二次世界大戦中に、カンパによって資金を集め、手持ちのカメラでゲリラ的に路上や実際の建物内でのロケーション撮影を行い、素人俳優を起用するなどのテクニックを駆使して『無防備都市』などの映画史に残る傑作を残しました。

近いところでは、予算300万円のインディーズ映画として制作され、あれよあれよという間に全国各地で公開され、大反響を呼んだ『カメラを止めるな！』などの成功例があります。

思考力を高めるために、普段の生活の中で禁止事項や制約を設けてゲーム化する取り組みもおすすめです。例えば、最寄りの駅から帰宅するまで「右に曲がってはいけない」というルールを設けます。右に行きたいときには、左折を3回繰り返して大回りして進むことになります。

また、普段利き手の右手で行っている動作を、あえて左手で行ってみる。利き手と逆の手で行おうとすると、簡単な課題が急に難しく感じられます。

私の場合は、利き手とは逆の手で箸を使って食事をする練習をしていた時期があります。父親からは「いい加減に利き手で食べなさい」とたしなめられつつ、およそ1年にわたって実践していました。

あえて利き手とは逆の手で箸を持つこと自体には、ほとんど意味がありません。ただ、当たり前だった行動が突然難しくなると、どうすればよいかを考えるようになるのも事実です。

バカバカしいように思えるかもしれませんが、制約を課してゲームのように面白がるクセをつけておくと、仕事で制約が課されたときにも面白がって思考できるようになるのです。

締め切り効果で思考する

制約と関連して、締め切りにも思考を促す絶大な効果があります。

例えば、会社で1週間後に企画を提出しなさいと指示を出されれば、どんな人でも締め切りまでに何かを考えて形にする必要に迫られます。

特に締め切りがない状況、あるいは時間に余裕がある状況で思考するときにも、何かしらの締め切りを自分で設定するのがおすすめです。自分で締め切りを作り、なおかつ前倒しを目指すというのがポイントです。

考えるのに最も適しているのは、そのテーマについて考え始めたときです。まさに鉄は熱いうちに打て、です。締め切りが1カ月後に設定されていて、最後の2、3日になってから慌てて考えるような場合、間の27日間は思考がストップしています。その思考停止状態の時間がムダなのです。

せっかくテーマを認知して頭が動き始めているのですから、その日のうちに可能な限り思考して、スマホのメモに記録したり、簡単な原稿にまとめておいたりするくらいはしたいものです。

私は、何かを依頼されたときにはできるだけ瞬時に反応し、素早く思考して大量に返答するのを心がけています。依頼主から「えっ？　こんなに早くできたんですか？」と驚かれることがよくあります。

前述しましたが、もともと私は極度な面倒くさがりで、夏休みの宿題も8月31日に徹夜をして終わらせるようなタイプでした。社会人になってからも、この傾向を引きずっていたのですが、特に出版関係の仕事が増えるようになってから「これでは通用しない」と感じるようになりました。

例えば、雑誌の原稿執筆などは、年末（あるいはお盆やゴールデンウィーク前）に依頼を受けて正月明け（お盆やゴールデンウィーク明け）の締め切りというパターンが多く、それが7、8本も重なると、休みの最終日に大変な思いをするようになったのです。いよいよ自分で締め切りの設定を変えなければいけないと悟りました。そこで、依頼を受けた順番に、依頼を受けた瞬間から前倒しで執筆に取り組むようになりました。自宅でパソコンを使って……などと悠長に構えるのではなく、出先でもスマホのメモを使いながら、スキマ時間を使ってこまめに文字を打ち込んでは送信する、を繰り返すようにしました。そして結果的に、一定のペースで思考を持続させることができるようになったのです。

村上春樹さんや赤川次郎さんなどのエッセイを読むと、出版社から設定された締め切りの前に、必ず原稿を提出していると書かれていて、さすがベストセラー作家の仕事ぶりだと思いました。

彼らは、締め切りを自分で設定した上で、優れた思考を持続させる術《すべ》を身につけているのでしょう。だからこそ、多くの人に読まれる本を書いているのです。

時間を制限して小刻みに考える

締め切りの設定をもっと細かい単位で考えれば、小刻みに制限時間を設ける方法に通じます。私がカフェを「思考する場」として頻繁に利用するのは思考しやすい環境を作るという目的もありますが、制限時間を設けることにもなっています。

限られた時間に一定の成果を残そうと思うからこそ、集中して発想したり原稿を執筆したりできるわけです。

有名な漫画家である佐々木倫子《のりこ》さんのある作品に、編集者と漫画家が公園のベンチに座り「せーので考えよう」と言い合って、短時間考えたのち、お互いにアイデアを出し合うシーンが登場します。

一度でいいアイデアが出なかったら、「じゃ、もう一回ね」と言って短時間のシンキングタイムを再び始めます。このように細かく時間を区切って思考する方法は、集中力を高めてアイデアを出すときには非常に有効です。

小刻みに制限時間を設けるために、大学の授業では常にストップウォッチを活用しています。

例えば、「1組1分でアイデアを出してください」と指示を出す。アイデアが出なかった人には「課題に対して、どうにかしようとする当事者意識がない人ということになりますよ」「これが会社の面接試験だったら、二次面接には進めません」などと、あえてプレッシャーをかけます。短い制限時間を設けてアウトプットを要求すると、誰もが必死になって集中して思考します。そんなワークを繰り返すわけですから、100分の授業が相当密度の濃いものになります。

ビジネスにおいても、限られた時間でアイデアを要求される機会が多々あります。普段から、時間を区切って何かを考える訓練を自分でしておけば、ここぞという場面でアイデアを生み出せるようになるのです。

「分析」なくして「改善」なし

思考するときの一つの方法に「分析」があります。分析は新たなアイデアを導き出す上での重要な工程です。

例えば、何か仕事でトラブルが起きたとき、トラブルの原因を分析すれば、改善策を講じることも可能となります。

2005年にJR西日本の福知山線で脱線事故が起こり、107名が死亡し、562名が負傷するという大惨事となりました。

事故後には、航空・鉄道事故調査委員会などが事故原因の調査を進め、さまざまな角度から原因の究明が行われてきました。

この事故の直接的な原因として挙げられているのは、電車がカーブに高速で進入したことで曲がりきれずに脱線したということです。

ただ、事故を起こした電車は、それ以前に通過した駅で停車の際にオーバーランをして、1分20秒遅れで出発したことがわかりました。運転士が遅れを取り戻そうとして焦っていた可能性が疑われます。それが、制限速度を超えてカーブに進入した、あるいはブレーキ操作が遅れた原因になったと考えられます。

では、どうして運転士はそこまで焦っていたのか。間接的な原因として、JR西日本には、電車運行のスピードアップという経営上のプレッシャーがあったことが指摘されています。

また、乗務員がミスを犯した場合に、日勤教育という懲罰的な指導が行われていたとの事実も明らかになっています。この懲罰を回避したいという意識が、電車の遅れを極端に恐れる心理状況を生み出していたともいえそうです。

JR西日本では、脱線事故が起きた現場に「祈りの杜《もり》」という施設を整備しました。私も訪れましたが、この施設は、事故の犠牲者を慰霊・鎮魂する場であると同時に、事故が発生したときの状況や救急・救助活動の様子、事故の原因やそれについての反省など、事故関連の記録を展示する場でもあります。

この施設には、他の鉄道会社の関係者も見学に訪れ、事故について学習する機会を作っているといいます。

このように、一つの事故を「偶然の出来事」「個人的なミス」で片づけずに、徹底分析することは、事故の教訓を生かすために重要な思考の作業といえます。

分析することとは、物事を細かく分けて詳細に検討する行為です。細かく分けて時系列に沿って検討していくことによって、大きな問題も考えやすくなります。

つまり、分析は思考の一つの基本です。トラブルが起こったときに、思考停止に陥るか教訓にできるかどうかは、この分析力の有無に左右されるのです。

比較をすると考えられる

大ヒットした映画『ダ・ヴィンチ・コード』は、「モナ・リザ」「最後の晩餐」などレオナルド・ダ・ヴィンチの有名な絵画作品に隠された暗号の解読に挑むというミステリー。アメリカの作家であるダン・ブラウンが書いた小説作品が原作となっています。

「キリストの隣にいる人、なんか秘密があるように見えない？」

「何でここにナイフが置いてあるんだろう。何でだろう？」

たった1枚の絵でも、思考力を働かせれば、10個、20個……という発見が可能です。

ただ、普通はそこまで絵を見ても思考することはできません。

美術館などで1枚の絵を見たとき、皆さんはどれだけ考えることができているでしょうか。

「綺麗な絵だな」

「ちょっと他とは画風が異なる作品だな」

「絵の具の使い方が面白い」

この程度は考えることができても、すぐに思考が続かなくなります。同じ絵を前にしてずっと立ち尽くしている人もいますが、ずっと思考しているのとは少し違うような気がします。

考え続けられない、アイデアが出ないときの一つの方法は、比較することです。比較することで物事を考えやすくなる効果があります。

例えば、ミケランジェロの彫刻作品と別の彫刻家の作品を見比べて、違いを挙げていくことでミケランジェロのすごさについて思考する、という方法です。

これは子どもにもできる、ごく初歩的な思考法です。私が小学1年生にゴッホとルノワールの絵を見せて、「この2つの絵を比べて、どんな違いがある?」と質問をすると、いくつかの違いを指摘することができます。ピカソとゴッホとなると、違いはもっと増えます。違いに気づくというのは、思考できている証拠です。

近代言語学の父と呼ばれたスイスの言語学者・ソシュールによれば、物事の意味は差異から生じます。意味は違いから生まれるとすれば、物事に意味が見出せない場合は、別の物と比較検討すればよいということ。たった2つの情報であっても、比較すると、何かしら発見が得られます。

「他社の製品と何が違うのか」

「成功したサービスとの差はどこにあるのか」

こういった比較から、思考が始まりやすく、継続しやすくなります。また、時系列で見て、比較するのも一つの方法です。

例えば、最初に登場したiPhoneと、最新型のiPhoneを比較して、どこがどう変化したのかを考える。その変化に、自分の仕事にも応用できるヒントが見つかるかもしれません。

あるいはコンビニで新商品を比較して、どっちが売れそうか考える。それを定点観察して、自分の予想が合っていたかどうかを検証する。そこから新しい商品を作るとしたら、どんな商品が良いかを考えていく。これが比較による思考の効果です。

別分野からヒットの要素を見つけ出す

2つのものを比較するとき、「Aがいい」「いや、Bのほうがいい」と評価しているだけでは思考がストップします。AとBの2つを比較しつつ、弁証法的にアイデアCを生み出す。これこそが思考の成果です。

テレビで討論番組などを見ていると、2人の識者がお互いに自説を主張して平行線のままヒートアップするケースがあります。

ヒートアップするさまがエンターテインメントになっているのかもしれませんが、

「もっと生産的に考える余地があるのにもったいない」と思うこともあります。

頑《かたく》なに自説を変えないというのは、思考が硬直しすぎています。周りにこういう「頭の固い人」がいたら要注意です。

歴史を振り返ってみても、戦争や対立の多くは「これしかない」という主張の衝突から生まれています。宗教をめぐる紛争が象徴的です。

本当に思考の成果を出すのなら、お互いの意見を踏まえ、矛盾を解消しながら建設的な結論を導き出すのが理想のはずです。その上で、それぞれの識者が、番組開始前と後でどのように考え方が変わったのかを語ってくれれば、思考の成果が明確になると思うのです。自分とは異なる考え方の持ち主と議論をする中で、柔軟に思考を発展させていくのが理想的です。

ところで、比較を活用した思考法の応用として、「全然違うように見える物に、似ている要素を見つけ出す」というものもあります。

小型のジェット機「ホンダジェット」のノーズ部分は、フェラガモのハイヒールからヒントを得たと言われています。

ある学生は『源氏物語』について研究するにあたり、『源氏物語』に登場する人物の自意識と、ドストエフスキー作品に出てくる人物の自意識を比較し、共通する要素を見出すことで論文を発表していました。

訓練しだいで、まったく違うものを結びつける思考回路が機能するようになります。例えば、「サイバネティックス」という新たな学問領域を生み出したノーバート・ウィーナーという学者は、生物と機械における制御と通信を統一的に研究する理論を提唱しました。平たくいえば、動物のあり方と社会のシステムをつなげるという発想であり、まさに離れた要素を結びつける思考の代表例です。

ビジネスでいえば、まったく別の分野でヒットしているサービスや商品を比較し、そこに共通する要素を見つけ出してみるというのも面白いかもしれません。

逆に、似ているとされている2つの物について、細かな違いを発見していくときにも思考が促されます。

例えば「青い色が見える」というときも、細かく見ると「青」の色味は何種類にも分かれています。これと同じように「サブスクリプション」と「一括購入割引」は一見すると似たようなサービスですが、どこがどう違うのか。細かく分析していく中で、サブスクリプションのメリットやデメリットを見出すことができそうです。

同じ「長時間労働削減」「働き方改革」の取り組みにしても、A社とB社を細かく見ていけば、目指している方向性や内容に大きな差が見出せるかもしれません。

「全然違うように見えるけれど、似ているところがある」

「似ているようだけど、細かく見ていくと全然違う」

この2つを発見する思考パターンを身につけると、思考対象が無限に広がります。

私が思うに、この2つの手法だけで、ほとんどすべての物事を思考できるのではないかと思うくらいです。

ノーベル賞受賞者に学ぶアレンジ思考

何か一つの材料をもとにアレンジしていく、別の要素をつけ加えていくことでイノベーティブなアウトプットが生まれます。これは「アレンジ思考」ともいうべき手法です。

2002年にノーベル化学賞を受賞した田中耕一さんは、島津製作所に勤める会社員だったことから、サラリーマンの星として大きな注目を集めました。

田中さんが受賞したのは、43歳のとき。ノーベル賞の受賞者としては比較的若い部類に入ります。

田中さんは、若くして評価されたことをプレッシャーに感じ、「自分は賞に値するような人間なのか」と自問自答する日々を送ったと語っています。普通ならノーベル賞を受賞して有頂天になってもおかしくないところですが、このあたりが田中さんの人柄を感じさせるエピソードです。

そして、さらにすごいのは田中さんが、もう一度自分が賞に値する人間であることを証明するために、新しい目標を掲げて取り組んだことです。その取り組みとは、タンパク質の分析技術をもとに「血液一滴から、病気の早期診断を可能にする」という研究でした。

研究を重ねて試行錯誤をした結果、アミロイドβ《ベータ》と呼ばれるタンパク質を血液中から抽出することに成功。アミロイドβは、アルツハイマー病の発症に大きな関連があるとされる物質であり、それだけを抽出するのは不可能だと考えられてきたので、世界に大きな衝撃を与えました。

また、実験の過程ではもう一つ未知のタンパク質も抽出され、実はこの未知のタンパク質が、アルツハイマー病発症のリスクを高めていることが判明したのです。

田中さんたちの研究により、アルツハイマー病の兆候が現れる30年も前からリスクを診断できる可能性が高まりました。彼は再び世界的な研究者として脚光を浴びたのです。

田中さんは、イノベーションについて次のように語っています。

もともとイノベーションの日本語訳は「新結合」、あるいは「新しい捉え方」とか「解釈」です。いろいろな分野の方々が集まって新しく結合する、新しい解釈をすることがイノベーションなわけです。失敗と思われることも、別の分野ではすごい発見になるかもしれない。もう少し柔軟に、広く解釈すれば、イノベーションはもっとたやすくできると思います。イノベーションを実際にやっている人も、単にくっつけただけじゃないかと思って、自分自身を低く評価している。そういった人たちに、もっと気楽に考えようよ、意外と簡単にできるよと伝えたい。

（NHK『NHKスペシャル』より）

これを私なりに解釈すると、「アレンジ思考でも十分、それがイノベーションにつながる」ということです。

そう考えると、世の中のイノベーティブな発明の多くが、アレンジによって生み出されていることに気づきます。例えば、「写真」も「シール」も昔から存在しているものですが、それを結合させて生み出した「プリクラ」という商品は、画期的な発明として大ヒットしました。

何かと何かを結びつけてアレンジしただけで、世の中を一変させるような価値を生み出すことは可能です。「ただアレンジしただけ」などと卑下せず、堂々とアレンジを追求していけばいいと思います。「アレンジでもいい」ではなく、「アレンジがいい」なのです。

古いものをアレンジして考える

どんなに偉大なアウトプットも、その思考の裏側にはヒントとなった「元ネタ」があるものです。

例えば、全世界に熱狂的なファンを持つ映画『スター・ウォーズ』シリーズには、重要なインスピレーションを与えた本の存在があったことが知られています。その本は『千の顔をもつ英雄』（ジョーゼフ・キャンベル著、倉田真木他訳、ハヤカワ・ノンフィクション文庫）という物語の基本構造を分析している本です。要するに英雄は千の顔を持っているけれど、原型はほとんど似通っているというわけです。

黒澤明監督の『七人の侍』をハリウッドがリメイクして『荒野の七人』が制作されたエピソードは有名ですし、黒澤監督自身もシェイクスピアの戯曲作品『マクベス』を下敷きに『蜘蛛巣城』という映画作品に仕立て上げたのはよく知られた話です。『蜘蛛巣城』は日本の武将の物語であり、『マクベス』と物語の骨格は似ていますが、オリジナル作品として成立しています。

ちなみに『ロミオとジュリエット』『ハムレット』などシェイクスピア作品をリメイ

クした芸術作品は、古今東西を問わず現在に至るまで多数作られています。

大ヒットしたものには、たいてい元ネタがあります。古典や定番商品、ポピュラーなサービスを元ネタにしてリメイクするというのは、アイデア発想の基本的なテクニックの一つです。

大ヒットマンガ『鬼滅《きめつ》の刃《やいば》』（私も全巻買いました）も、基本「鬼退治」です。手塚治虫の『どろろ』も先行作品といえます。鬼になる事情など独自のアイデアも加わり、新しい鬼退治になっています。

何も材料がないところから発想するのは至難の業ですが、元ネタがあれば、それが自分の思考を刺激し、次なる別のアイデアを促してくれる効果が得られます。

企業などでも、「このかつてのヒット商品を現代風にアレンジする場合、どんなものができるだろう？」などとディスカッションすれば、有意義な議論ができます。このとき「10分で考えて、それぞれ発表しよう」などと時間を区切ると、考える作業が格段にスピードアップします。

関数を応用してアイデアを生み出す

何かと何かを組み合わせてアイデアを思考する方法を、私は「関数（写像）」の応用として捉えています。しかも、おそらく数学で学んできた知識の中で、関数は日常的に最も活用している考え方でもあります。私はこれを中学時代の数学の授業中に教わり、「これは画期的な思考法だ」と感動した記憶があります。

関数は、「y＝f(x)」で表されます。fは作用（function）で、xの値に応じてyの値が導き出されます。「何かを入れると、一定の変換で何かが出てくる」という法則性は、新しいアイデアを考えるときに活用できます。

わかりやすくするために、fを「ボックス化」の作用としてみましょう。例えばxに「カラオケ」を入れたら、ボックス化（カラオケ）＝カラオケボックスというものが導き出されます。

かつて私が20代のころは、カラオケというとカラオケスナックか観光バスの車内で歌うものと相場が決まっていました。知らない人も含めた他人の前で歌うものとされていたわけです。当時からカラオケを楽しむ人は多かったのですが、知らない人が歌うのを聞き続けるのは多少退屈でもありました。

しかし、家族や友人、あるいはたった一人でも楽しめるカラオケボックスの誕生により、カラオケは一気に日常に浸透しました。まさにカラオケボックスはイノベーティブな発明品です。

これにならって、何かをボックス化して思考してみましょう。Xに「居酒屋」を入れたら個室式のボックス居酒屋が、「野球」を入れたらバッティングセンターが成立します。いずれも、今やあらゆる場所に定着しているアイデアです。

あるとき、私がこのボックス化について考えてもらう機会を作ったところ、「Xに宇宙を入れて、プラネタリウムはどうでしょう」と言った人がいました。なかなかのセンスの持ち主だと思います。

こういったボックス化の発想で身の回りを改めて見直すと、「コインロッカー」や「漫画喫茶」などの成功したビジネスが次々と思い浮かびます。

「このボックス化を応用して、新しいビジネスを考えよう」と言えば、多くの人がなかなか面白いアイデアを発想してくれます。

テレビ番組を見ていても、長寿番組の多くはfの部分がしっかりしているので、どんな人が参加しても面白くなるようにできています。

私が出演している番組でいうと『全力！脱力タイムズ』が典型的です。この番組は、司会者である有田哲平さんをはじめ、出演する人たちが事前に台本を理解しているのですが、毎回ツッコミ役の芸人さんだけが何も知らない状態で参加します。そこで出演者たちのおかしな言動に、一つひとつツッコむところに面白さがあります。

既存のものにfを見つけ出し、そのfの活用において新しいxを入れていく。これは身につけて損はない、思考の基本パターンと言えるでしょう。

「もしも」の妄想力で考え続ける

別の視点から新たな発想をするときに、「if」を使うのも一つの手です。「もしも世の中からこれがなくなったらどうなるだろう」「こんなものが登場したら生活はどう変わるか」などを自由に想像してみるのです。

「もし月面に降り立つことができたとしたら、自分は何をするだろう」

「もし自分が深海魚になったら、どんな風景が見えるだろう」

など、自分が異質な世界に行ったらどうなるかを想像してみるのもよいですし、

「この小説の主人公が大人ではなく、子どもだったらどうなるだろう」

「このドラマの舞台設定が証券会社じゃなくて、町工場だったらどうだろう」

など、既存の物語の設定を変えてみるのもよいでしょう。

設定を一つ変えただけで、ストーリーはガラッと変わります。こうして想像力を膨らませていけば発想力は高まりますし、いつまでも考え続けることができます。

青柳碧人《あいと》さんの『むかしむかしあるところに、死体がありました。』（双葉社）は、一寸法師など昔話がもし殺人事件なら、という発想です。これをヒントに、大学生には「もし○○が殺人事件だったら」というお題でアイデア出しをしてもらいました。

タレントの武井壮さんがテレビに出演し始めたころ、そんな「もしも」を使ったユニークな想像芸が人気を博したのは記憶に新しいところです。

武井さんは最初に「百獣の王を目指す男」として紹介されました。百獣の王といえば、誰もがライオンを思い浮かべますが、自分こそが百獣の王であると訴えたところに、武

井さんのユニークさがあります。

例えば、もしもキリンと戦うとしたら、まずはダッシュでキリンの背面に回り込み、背中に飛び乗って、首にあるツボを押してキリンの弱点である血圧を下げて倒す。もしもライオンと戦うなら、首をかみつきにきたところを避けつつ、あえて右腕にかみつかせ、腕に力を込めることでキバを抜けないようにして動きを封じ、鼻にパンチを見舞ってKOする。

こうして書いていても思わず噴き出してしまいますが、これを実際に想定しながら動きで見せるところが面白く、一躍お茶の間の人気者となりました。

「もしも」で考え始めれば、手元に何の材料がなくても、たった一人でもずっと考え続けることができます。

およそ非現実的な妄想であっても、思考し続けられるというのは重要なポイントです。思考し続ける人は、必ず何らかの工夫を生み出すので、現実の世界でも成果を出すことができます。妄想をあなどってはいけないのです。

妄想は想像力、想像力が思考力です。

おわりに

これまで思考中毒になるためのヒントについて、思うところを述べてきました。さまざまな角度からあれこれと語ってきましたが、最も強調したいのは「楽しむこと」の大切さです。

仕事において「ただ与えられた課題をこなす」「アイデアを出せと言われてしぶしぶ考える」というのは、けっして楽しい働き方とはいえません。

誰かに強制されなくても、どんどん考えがあふれてくる。過剰なまでにアイデアを出して、仕事をより楽しくしていく。そんな働き方をするのが理想です。

私の周りでも、成功している人はみんな、過剰なくらいに考えています。少し会話をするだけでも「こうしたほうが面白い」「こういうチャレンジはどうだろう」などと、常に考えたことを出し惜しみせずに話し続けます。そして例外なく、いつも楽しそうで生き生きとしています。

新型コロナウイルスで残念ながら亡くなった志村けんさんは、常に笑いのことを考え続け、好きなことをやっているから、その労力は当たり前と語っていました。

考え続けて思考中毒になることは、心身の若さを保つ最良の方法でもあります。考え続けている人は、話したり動いたりするときの反応が速く、それが若々しい見た目や雰囲気につながるのでしょう。

考え続けていれば、充実した人生を送ることができますから、おそらく年をとっても脳の若々しさが保たれるに違いありません。

読者の皆さんには、ぜひそんな楽しくて若々しい働き方、生き方を目指してほしいと思います。

２０２０年６月

齋藤孝

著者略歴

齋藤 孝《さいとうたかし》

一九六〇年、静岡県生まれ。明治大学文学部教授。東京大学法学部卒業。東京大学大学院教育学研究科博士課程等を経て現職。専門は教育学、身体論、コミュニケーション論。『身体感覚を取り戻す』で新潮学芸賞受賞。『声に出して読みたい日本語』（毎日出版文化賞特別賞）がシリーズ二六〇万部のベストセラーになり日本語ブームをつくった。NHK Eテレ「にほんごであそぼ」総合指導。『15分あれば喫茶店に入りなさい。』『イライラしない本』など著書多数。累計発行部数は一〇〇〇万部超。

幻冬舎新書 595

思考中毒になる！

二〇二〇年七月三十日 第一刷発行

著者 齋藤 孝
発行人 志儀保博
編集人 小木田順子
編集者 四本恭子
発行所 株式会社 幻冬舎
〒一五一―〇〇五一 東京都渋谷区千駄ヶ谷四―九―七
電話 〇三―五四一一―六二一一（編集）
〇三―五四一一―六二二二（営業）
振替 〇〇一二〇―八―七六七六四三
ブックデザイン 鈴木成一デザイン室
印刷・製本所 株式会社 光邦

Printed in Japan ISBN978-4-344-98597-1 C0295
さ-15-3
幻冬舎ホームページアドレス https://www.gentosha.co.jp/
＊この本に関するご意見・ご感想をメールでお寄せいただく場合は、comment@gentosha.co.jp まで。